Colección
Agua Viva

Vicente Forcada Comíns, O. P.

Hacia lo alto:
El joven santo
Pier Giorgio Frassati
Un joven laico dominico
(1901-1925)

EDIBESA

1ª edición: 1995, con el título *Beato Pier Giorgio Frassati*
2ª edición revisada: 2025

© SAN ESTEBAN EDITORIAL –EDIBESA 2025

SEDE SOCIAL Y EDICIONES
Plaza de Concilio de Trento, s/n. 37001 Salamanca
Telf.: +34 923 215 000 - 923 264 781
www.sanestebaneditorial.com
Email: info@sanestebaneditorial.com

ADMINISTRACIÓN Y COMERCIALIZACIÓN
C/ Juan de Urbieta, 51 28007 Madrid
Telf.: 913 45 19 92
www.edibesa.com
Email: info@edibesa.com

Edición preparada por Ricardo de Luis Carballada y Miguel Ángel Ayuso

ISBN: 978-84-19640-75-8
Depósito legal: M-17857-2025

Diseño de cubierta: Helvética edición y diseño

Diseño y maquetación: Susana Folgado Hernández

Impresión: Kadmos

IMPRESO EN ESPAÑA –PRINTED IN SPAIN

Índice

Presentación

El medio fundamental de transmisión de la fe cristiana no son los mensajes llamativos; ni los argumentos bien construidos; ni el dominio de los instrumentos de la comunicación y de las técnicas de marketing... Todo ello es útil y necesario. Pero no es lo fundamental. Solo lo es la comunicación sencilla y natural de la propia vivencia de la fe.

La tradición cristiana ha llamado *testimonio* a esta comunicación de la vida de fe. Y llama a cada bautizado a ser *testigo* de la fe allí donde cada uno se encuentra. En la historia de la Iglesia los mejores testigos han sido los santos. Su vida es la más convincente elocuencia para hablar de Dios. Si hay algo que puede indicarnos que Dios está cerca y actúa en nuestra vida, lo es la vida de quienes prefirieron la muerte antes que rechazar su fe. La de quienes se entregaron a curar a los enfermos que los demás evitaban; a enseñar a los niños que a tantos daban miedo; a dar cariño a ancianos que otros despreciaban; a llevar la fe a tierras lejanas y desconocidas... Y lo hicieron en una entrega total hasta olvidarse de sí mismos. Dormían poco, comían menos, no les atraían diversiones, porque habían descubierto la gran satisfacción del servicio a los demás; soportaban, sin perder la paz y la sonrisa, incomprensiones, difamaciones, insultos y persecuciones.

Este libro te abre la vida y el testimonio de uno de los últimos santos canonizados por la iglesia. Lo será dentro de unos meses, en este mismo año. Son decenas de miles las santas y santos en la historia de la Iglesia. Y a pesar de su gran número podemos decir que cada uno es peculiar; cada uno puso un acento propio en la vida cristiana.

A Pedro Jorge Frassati le corresponden también algunas peculiaridades. Fue un santo joven. La muerte le sorprendió en medio de su juventud, lo que quiere decir que llegó a la plenitud de la vida cristiana en un período corto de vida. Fue un laico que vivió con intensidad su vocación comprometido con el mundo. Y otra peculiaridad muy destacable. Fue un santo sin estridencias. No hay en su vida ninguna excentricidad o exceso, salvo el tomarse en serio su fe y vivirla hasta sus últimas consecuencias. El beato —y muy pronto santo— Jorge Pedro Frassati representa el modelo de santo de la puerta de al lado, que decía el papa Francisco.

Fue un joven apuesto, deportista, bromista, que vivió la amistad y sintió la atracción por las chicas… Su vida transcurrió en afecto por su familia, entregado a sus estudios —en los que no destacaba, pero que afrontó con sentido del deber—, a sus deportes favoritos, sobre todo el montañismo. Un joven como tantos que conocemos. Pero un joven comprometido con su fe a fondo. Una fe transmitida por su madre y alimentada sin estridencias ni devociones extrañas; en la cotidiana sencillez de la comunión diaria, del rezo también diario del rosario, en la visita al santísimo sacramento.

Nació en la Italia de entreguerras, recién comenzado el siglo XX, en la industrial ciudad de Turín, en el seno de una familia acomodada y con proyección social. Su padre fue fundador y director de uno de los principales periódicos de Italia, *La Stampa*, de orientación liberal. Corriente política que su padre representaría en el senado italiano, y posteriormente, en el ámbito diplomático, como embajador en Berlín.

La Europa de entreguerras fue un período complicado. Las sociedades tensionaban por dos movimientos extremos que dividieron Europa y serían los causantes de tanta muerte y sufrimiento. Por una parte, la presión de las diferentes formas de socialismo, y por otra la aparición del fascismo, al que Frassati conoció directamente en su variante italiana. Ambos extremos políticos se presentaban como propuestas ante las difíciles condiciones de vida que había traído la primea industrialización. En este contexto la Iglesia no miró para otro lado, sino que proponía las orientaciones de su Doctrina Social; y fomentaba el desarrollo de asociaciones católicas comprometidas con la realidad social, germen de la futura Acción Católica.

El beato Frassati militó en asociaciones católicas de jóvenes que tenían como objetivo incidir en la transformación social. En su militancia experimentó la confrontación con otros grupos y padeció el insulto. Y se decepcionó con la política real, tras militar en un partido político, por sus cesiones al fascismo de Mussolini.

De lo que nadie le desvió nunca fue de su compromiso con los empobrecidos. Los asistía desde las Conferencias de san Vicente de Paúl. En sus visitas a familias casi siempre recurría a su dinero personal para aliviar las necesidades. Y no daba de lo que le sobraba, sino que acudía a recursos que suponían un enorme sacrificio personal. Como en aquella ocasión en la que renunció a un coche que le regalaba su padre para pedirle a cambio el dinero y repartirlo después entre los pobres.

El beato —y pronto san Pedro Jorge Frassati— es una referencia de vida cristiana para quienes recorremos las primeras décadas del siglo XXI. Fue un joven que vivió como los jóvenes de su tiempo. Con alegría y bromas, con el gusto por el deporte, con la ilusión de titularse como ingeniero de minas... En su vida descubrió la importancia de la fe y vivió su compromiso abiertamente, sin ocultar su condición cristiana, testimoniando la importancia de la fe en una sociedad en la que amplios sectores la veían como algo a eliminar. Alimentaba su fe en la comunión diaria, en el rezo del rosario y en la adoración eucarística. Vivió preocupado por dar a la sociedad una forma cristiana militando en asociaciones católicas. Y nunca se olvidó de los pobres. Al contrario, los puso en el centro de sus preocupaciones, visitándoles a menudo y compartiendo con ellos sus bienes, aunque le supusiera renuncias personales.

El joven Frassati conoció la riqueza y diversidad eclesial que enriqueció su fe. Educado por salesianos y jesuitas, se comprometió en las conferencias de san Vicente de Paúl y en asociaciones católicas laicales. Finalmente profesó en la Fraternidad Laical de los dominicos. La Orden de Predicadores le confirió la última cobertura espiritual de su vida. Fue un Laico dominico que muestra que una de las grandes ordenes medievales de la historia de la Iglesia es un marco adecuado para vivir la fe en el mundo moderno.

En nuestro mundo complejo en el que el catolicismo retrocede en Europa —crece en otras zonas del planeta—, el joven Frassati es un estímulo a vivir la santidad en la vida cotidiana. No consiste en otra cosa que en tomarnos en serio nuestra fe y valorarla como una dimensión vital para la salud personal y social. En este mundo globalizado e injusto, lleno de corrupción política y mentira, nos impulsa a mirar de nuevo la propuesta de la Doctrina Social de la Iglesia. Y nos recuerda que la fe cristiana nunca es un refugio frente a las dificultades sociales, sino un trampolín que nos lanza a la transformación social y a aliviar de verdad –y no solo con retórica– los sufrimientos de los empobrecidos.

Esta obra que ahora edita la editorial San Esteban-Edibesa es la reedición revisada de una obra anteriormente publicada, y actualmente agotada, y que recuperamos con motivo de la canonización del beato Frassati, prevista para el 7 de septiembre de 2025 por el papa León xiv.

Ricardo de Luis Carballada, OP
Facultad de Teología san Esteban (Salamanca)

1. El hogar

La ciudad de Turín

En la ciudad de Turín, capital del Piemonte, limítrofe con Francia y Suiza, confluyen todas las corrientes sociales políticas y regionales de Europa. Allí se sitúa la trayectoria vital de Pier Giorgio Frassati, cuya existencia terminaba repentinamente a los 24 años, dejando una profunda huella en lo religioso, en lo social y en lo político.

Los primeros veinticinco años del siglo XX experimentaron una gran agitación en el norte de Italia, culminando en 1922 con la marcha del fascismo mussoliniano sobre Roma. Turín era entonces, como lo sigue siendo, una ciudad muy industrial, con una gran población trabajadora y removida por las nuevas corrientes sociales que apuntaban a soluciones no siempre pacíficas. La tercera ciudad de Italia, después de Roma y Milán, a orillas del río Po, es la capital de la industria automovilística italiana (FIAT). Tiene también industria ferroviaria, aeronáutica, de maquinaria agrícola, mecánica de precisión y textil, amén de una próspera agricultura. Su cercanía con Milán la hace permeable a todos los movimientos sociales que se fraguan en la capital Lombarda y que, a principios de siglo, culminaron en los «Fasci de Combattimento», fundados por empuje de Mussolini en Milán, en el año 1919. El objetivo de estos «Fasci» era crear un antipartido con un programa político que se definía como democrático y socialista. Las ideas sociales, económicas y militares propugnadas por los fascistas atrajeron a amplios sectores de la población, que sufría las consecuencias de una dura recesión económica, tras la primera guerra mundial (1914-1918).

El carácter piamontés es duro, pétreo, forjado por los aires de los Alpes.

La familia

El padre, Don Alberto Frassati, fue fundador, director y propietario de *La Stampa,* diario de gran tirada y prestigio, de signo liberal. Hombre honrado y recto, alcanzó puestos de máxima responsabilidad política. En 1913 era Senador del Senado italiano; en 1920 fue designado embajador de Italia en Alemania, cargo al que renunció cuando subió al poder Mussolini, en 1922. La estancia de la familia en Alemania propició que Pier Giorgio aprendiera el alemán y se relacionara con personas, obras y familias de las que hablaremos más adelante.

El carácter del senador y embajador era muy abierto y comunicativo con sus hijos, los que muchas veces iban a buscarlo a la dirección de *La Stampa.* Entonces el padre corría con los pequeños por las calles de Turín, jugando al escondite. Y después, en casa, tras las comidas y las cenas, se revolcaban por los suelos en batallas campales, cosa que ponía fuera de sí a la madre. Y también en Pollone, lugar distante de Turín 85 kilómetros, en donde la familia tenía una casa y finca de recreo, corrían por el campo, gritando, tirándose por el césped y alcanzándose unos a otros con gran algarabía. El padre y los hijos eran felices. El serio director de *La Stampa* olvidaba todos los problemas y no tenía otra preocupación que divertir a sus hijos.

Más tarde Don Alfredo se veía retratado en su hijo, y le escribía:

«Por las pocas líneas que has escrito a Luciana comprendo tu alma por entero. La veo hermosa y recta, como yo he soñado que la tuvieses. Pase lo que pase, no cambies. Estoy orgulloso de ti, Giorgetto, y veo complacido que lo poco bueno que hay en mi carácter no se ha perdido. Nunca como en este momento te abrazo con mayor fe y corazón».

El adusto director de *La Stampa* gozaba de la compañía de su hijo, aunque sabía que su ideología política y religiosa no se acoplaba con la suya. Un día confiaba a su esposa: «Vivir a solas con Pier Giorgio es un idilio».

El Senador era un hombre sensibilizado con las necesidades de los pobres, y en este punto sintonizaba plenamente con las ideas del hijo. Con motivo del fallecimiento de un hermano suyo donó una considerable limosna para obras de beneficencia. Pier Giorgio le escribió:

«Queridísimo papá: mañana es tu santo y me duele mucho no poder expresarte de viva voz todos los sentimientos de mi corazón. Con todo, mañana estaré cerca de ti y pediré a Dios que te conceda toda suerte de consuelo por el bien que has hecho y continúas haciendo» (27-XII-1923).

Un hombre bueno, Don Alfredo Frassati.

La madre

Doña Adelaida Ametis, pintora de calidad y de temperamento sensible para todo lo bello, tenía una formación cristiana sólida. Como madre era una mujer cariñosa, pero muy exigente con la educación humana y religiosa de sus hijos. Puso empeño especial en la formación religiosa. Se había ganado la confianza de sus retoños por su dedicación y trato con ellos. Cuando el niño Pier Giorgio tenía 9 años contrató a un pedagogo, Don Cojazzi, salesiano, para que diera clases privadas a los dos hermanitos, pidiéndole que cooperase con ella en promover la educación cristiana para que sus hijos adquiriesen el «sensus Christi» (el sentido de Cristo), según sus propias palabras.

Doña Adelaida fue la primera pedagoga y catequista de sus hijos. La ayudaba en este deber su madre, la abuela materna, y una hermana de su madre. Pero era ella la que seguía muy de cerca la formación de sus hijos: una formación seria, exigente, sincera, transparente. De la madre heredaron los dos hijos la sensibilidad y la delicadeza propias de una artista en el trato con los demás y en la contemplación de la naturaleza y de las obras de arte.

Hay un hecho que es muy elocuente para calibrar la condición humana y religiosa de esta mujer en la educación de sus hijos. Tendría Pier Giorgio unos cuatro o cinco años, cuando una noche se levanta de la cama y fue llorando a donde estaba su madre porque acababa de descubrir que Jesús era huérfano. La madre lo calmó y le explicó que Jesús no era huérfano, sino que tenía dos padres: uno en el cielo y otro en la tierra: san José. El de la tierra murió, pero ahora estaba en el cielo también. Ante una respuesta tan «teológica», el niño volvió a su cama y durmió tranquilamente.

Supo ganarse la admiración y el respeto de sus hijos y gozaba de tal autoridad ante ellos, que no osaban hablar o hacer cualquier cosa sin mirar antes a su madre y obtener su permiso. Un perfil de esta mujer fuerte y a la vez cariñosa nos lo ofrece el mismo hijo cuando, ya mayor, le agradece «los buenos consejos que le daba», y le prometía que los pondría en práctica «con la mejor voluntad posible». «Cuando la madre está al lado –le escribe– no se aprecia como es debido su compañía; pero, cuando se ausenta, aunque sea por poco tiempo, se siente en seguida el vacío enorme que deja». La madre les decía: «Ahora sois mayores y no tenéis necesidad de mí». Pier Giorgio le escribe la carta siguiente:

«Querida mamá:

Me sabe mal, y me ha dado mucha pena que pienses semejantes cosas, que no son ciertas. Los consejos de la madre son siempre los más sabios, y son siempre buenos, incluso cuando uno llega a viejo. Este año tú has estado muy lejos de mí y yo he podido apreciar lo que significa no tener cerca a la madre, que nos riñe de cuando en cuando, pero cuando llega la noche nos da un beso y su bendición. Desgraciadamente, querida mamá, no puedo estar con vosotros en Pollone; un poco por culpa mía, por el grave inconveniente de estar demasiado distante, un poco por culpa de los estudios, que son bastante pesados. El tercer año es un hueso duro y es necesario hacer mucho sacrificio para llegar preparado a la meta. Pero no nos quejemos, porque en esta vida ocurren miserias mayores. Querida mamá: perdóname también por todos los pequeños disgustos que te he dado, pero puedes estar segura de que, si alguna vez te he fallado, en adelante veré de portarme mejor, pues pienso mucho en ti y ruego a Dios que te conceda aquellos consuelos que yo, por mis muchos fallos, no puedo darte, aunque quiero para ti todo el bien. Besos para ti y para la tía,

Pier Giorgio
(19-vii-1922)»

Por su parte, la madre escribe en Pascua de 1925 a su hija, que está en Polonia, desahogándose con ella desde la soledad de Pollone:

«¡Cuántos seres queridos han estado aquí! Unos han muerto, otros están lejos, que viene a ser lo mismo. Me dejo llevar de este pensamiento, que a veces fomento: pienso que llegará un día en que daré vueltas yo sola por estas estancias y no habrá nadie de aquellos que he amado. Este año próximo no estará aquí Pier Giorgio (porque tenía que cumplir el servicio militar) el hijo silencioso, que es la bendición de la casa. La abuela y él son la piedra angular».

Esta madre cariñosa tenía necesidad de buena compañía.

Luciana

Su hermana, mayor que él año y medio, fue la compañera inseparable en el hogar paterno, en los estudios y en los juegos infantiles, en la universidad y en las relaciones humanas de la familia. Era la confidente de su hermano, aunque no compartía con él la afición al montañismo. En ella admiraba «Dodo», nombre familiar, una inteligencia precoz, un sentido certero en el juicio y una delicadeza femenina que la hacía adorable. De pequeños llegaban a las manos con frecuencia, como es natural, y siempre vencía la fuerza del varón, que se desarrollaba más robusto.

Cuando Luciana alcanzó el doctorado en Derecho por la Universidad de Turín, su hermano le regaló un ejemplar de la *Vida de Santa Catalina,* de Joergensen, con la siguiente dedicatoria: «A mi buena y querida hermana, en el día de su doctorado dedico este libro para que le sirva de guía en su camino de ascensión espiritual».

Poco después de obtener el grado, contrajo matrimonio con un joven polaco y se trasladaron a Polonia. Pier Giorgio escribía a un amigo:

«Ayer se casó por la Iglesia mi hermana. Magnífico rito el matrimonio civil, pero en comparación con el eclesiástico es una bufonada. A pesar de estar contento, porque mi hermana es feliz, pues su esposo es bueno, en el sentido en que tú y yo lo entendemos; por otra parte, fue terrible, ayer tarde, el trance de nuestra separación».

Pier Giorgio quiso regalarle a su hermana como recuerdo de boda algo que evocara su presencia en la ausencia. Encontró un crucifijo de marfil y lo hizo bendecir por el arzobispo de Turín, dedicado a los nuevos esposos.

«Estaba radiante de alegría –escribe la hermana– como si con aquel crucifijo me hubiera dado todas las bendiciones del cielo. Parecía como si supiese que el crucifijo había de ser para mí su bendición y su más apetecido y santo refugio en el dolor».

Desde la sensación de soledad en que habían quedado sus padres y él, escribía a la hermana:

«Escríbeme con frecuencia, para que, al menos así pueda llenar el vacío que has dejado entre nosotros. Mientras vivíamos todo el día juntos, no pude apreciar en su justa medida lo que tú representas para mí. Pero ahora que, por desgracia, te separan de nosotros muchos kilómetros, que ha sido forzoso separarnos no para pocos días sino para toda la vida, y nos vemos solamente de tarde en tarde, he comprendido lo que quiere decir una hermana en una casa y el vacío que su ausencia puede dejar» (4-11-1925).

Le sigue escribiendo antes de empezar la Cuaresma, aconsejándole que practique la penitencia propia del tiempo, y le vuelve a escribir, rebosante de gozo, para Pascua de Resurrección.

Luciana, a sus 90 años, tuvo la dicha de asistir, el 20 de mayo de 1990, a la solemne beatificación de su hermano en la Plaza de San Pedro de Roma.

El 9 de junio de 1991 tuvo lugar en el Convento Patriarcal de Santo Domingo de Bolonia un encuentro de la Familia Dominicana en el que Luciana Frassati habló sobre su hermano y respondió a las preguntas que le hicieron los numerosos asistentes.

2. Primeros años

Nació Pier Giorgio Frassati Ametis en Turín el día 6 de abril de 1901, que aquel año cayó en Sábado santo, cuando las campanas de toda la ciudad anunciaban la resurrección de Jesucristo: era el día de Gloria. La casa en donde nació, Vía Legnano, 33, pertenecía a la demarcación parroquial de Santa María de las Gracias, y fue bautizado el mismo día de su nacimiento por el vicario parroquial, Don Alejandro Roccati, quien, después de 24 años, celebrará como párroco sus funerales. Los primeros años de la niñez de Pier Giorgio discurren tranquilos en el seno de una familia que no tiene problemas económicos.

Desde pequeño se manifiestan en él ciertos rasgos individuantes que le marcarán durante toda la vida: temperamento impulsivo, testarudez piamontesa, descuido en el empleo del tiempo y poco amante del orden. «Dodo» (nombre cariñoso familiar) no es un «niño prodigio». Tiene sus defectos y sus virtudes, propios del carácter y de la edad. Así, por ejemplo, no soporta con paciencia las trampas o mentiras de sus compañeros de juegos. Frente a la mentira o trampa no encontraba muchas veces otro recurso que la fuerza de los puños. Por ello aparecía con frecuencia en su casa con heridas y contusiones en la cara, brazos y piernas, que le valían serias reprimendas de la madre. Su padre, sin embargo, buen periodista y luchador en el campo de las ideas, miraba complacido a su hijo lesionado, que se iba forjando en la palestra.

La educación humana de los niños corrió básicamente a cargo de la madre, mujer culta y de buenas costumbres humanas y cristianas. Era toda una señora en la distinguida sociedad turinesa, que valoraba sus cualidades artísticas. En la enseñanza primaria cooperó el salesiano Don Antonio Cojazzi, al que ya nos hemos referido, quien todos los días lectivos acudía a casa de los Frassati a repasarles las lecciones escolares a los dos hermanos. No eran niños que destacaran por su mente despejada, pero sí por la atención y tesón en el estudio. Luciana era más vivaracha que su hermano. Al terminar la clase privada, «Dodo» le pedía al profesor: «Y ahora, cuéntame una historia de Jesús». El buen salesiano le narraba escenas de los Evangelios. Confiesa que las que más le gustaban al alumno eran las escenas en que le relataba algún milagro de Jesús, y se emocionaba hasta derramar lágrimas.

Los dos hermanos, llegado el tiempo de iniciar la enseñanza secundaria, fueron matriculados en el Liceo Massimo d›Azeglio para cursar el bachillerato elemental. La falta de aplicación de Pier Giorgio le mereció un suspenso sonoro en el segundo año. Su madre, en vista del fracaso, se empeñó en que cambiara de colegio, y lo inscribió como alumno en el *Istituto Sociale*, dirigido por los Padres Jesuitas. El alumno tenía doce años, y calibró perfectamente el contratiempo que había causado a sus padres y escribió una carta al cabeza de familia en la que manifestaba su confusión, más que por el golpe encajado, por el disgusto que causaba al padre, haciendo la promesa de estudiar más y probar con ello el afecto que sentía por él. Es de suponer que la carta fue dictada por la madre.

Este suspenso tuvo una repercusión profunda en su vida. Doña Adelaida lo calificó de providencial. Y efectivamente lo fue para la orientación definitiva de su vida, sobre todo la orientación religiosa, y hasta para su maduración humana. En el *Istituto* encontró el medio ambiente adecuado para ir desarrollando la siembra que la madre y el pedagogo depositaron en su alma. Durante su escolaridad en el *Istituto de los Jesuitas* tuvo también dificultades, sobre todo en los ejercicios de redacción literaria. Pero todo lo fue superando.

Recibió la primera comunión, junto con su hermana, en el año 1911, a los diez años de edad. Y la confirmación, en la misma celebración que su hermana, cuando tenía catorce años. Cuando llegó al *Istituto* para cursar el tercer año de bachillerato, era director espiritual del mismo el Padre Pietro Lombardi, S. J., el cual habla de «su docilidad en aceptar la invitación a la comunión frecuente».

Pronto empezó a recibirla varios días por semana. Y, después de porfiar con su madre durante cuatro días, consiguió permiso de ella para recibirla diariamente, práctica que siguió durante toda la vida, a costa de cualquier sacrificio. Esta fue la clave de su espiritualidad: la comunión diaria. Eran los tiempos en que el papa san Pío x promovía la comunión frecuente y diaria, especialmente entre jóvenes y niños. Más adelante tendremos ocasión de señalar algunos de los sacrificios que, a veces, tenía que imponerse para no faltar a este propósito, sobre todo en los días de excursión a la montaña.

A los trece años, en 1914, se inscribió en la Asociación del Santísimo Sacramento y en el Apostolado de la Oración. En 1917 se hizo socio de la Liga Eucarística. En 1918 se inscribe en la Congregación Mariana, en la Cofradía del Rosario y en las Conferencias de San Vicente de Paúl. No es un joven coleccionista de cédulas que le identifican como miembro de instituciones religiosas. Es muy consciente de las obligaciones que comporta cada una de ellas, a las que es muy fiel, porque le ayudan a madurar en su compromiso cristiano.

Cuando abandonó el *Istituto de los jesuitas* se preparó en el bachiller superior para el ingreso en la Universidad, a los 17 años. Pero no dejó de frecuentar el centro de orientación para adolescentes y jóvenes, que dirigían los Padres de la Compañía de Jesús. Allí encontró cauce para sus inquietudes religiosas y allí logró amistades juveniles con las que compartió sus empresas apostólicas y sus expansiones deportivas.

3. JOVEN DEPORTISTA

De los años de sus estudios en el Liceo superior, en los que se prepara para ingresar en la Universidad, tenemos datos que configuran su carácter siempre alegre, comunicativo, deportista. La marcha de sus estudios en este Liceo superior discurrió con normalidad, aunque siempre con el escollo de la literatura y, sobre todo, de la redacción. Pero nunca tuvo ningún suspenso, aunque tampoco destacó aquí como alumno brillante. Un estudiante corriente, sin premios extraordinarios. Lo que era notable en él era la aplicación y tesón en el estudio. En lo que destacaba era en los juegos y tertulias con los compañeros de clase. Un muchacho abierto y dialogante, conservador, entusiasta del deporte, con un apetito voraz, propio de la edad.

Dos deportes, muy italianos, llamaron su atención desde la adolescencia, no como espectador sino como protagonista: el calcio (fútbol) y el ciclismo. En el fútbol le gustaba jugar de delantero, estar siempre en punta, meter goles, corretear por todo el campo, agotarse defendiendo los colores de su equipo. En el Liceo organizaban campeonatos de «calcio» en los que Frassati destacaba como figura. Alguien, y quizá él mismo, abrigaba la esperanza de que podía llegar a ser algún día un alevín valioso para la «squadra» del Torino. El ciclismo era otro de sus deportes favoritos. Tanto Luciana como él disponían de una bicicleta de paseo. Sobre todo, en Pollone, en la finca de descanso de sus padres, en donde pasaban las vacaciones y muchos fines de semana, en donde el director de *La Stampa* encontraba un oasis de paz.

Allí se oía cantar a voz en grito a Pier Giorgio, mientras pedaleaba subiendo la empinada cuesta que conduce al portal de la casa. Con su hermana hacía excursiones y carreras ciclistas por los alrededores de la localidad. En más de una ocasión, el antecesor de Fausto Coppi, recorrió en su bicicleta los 85 kms. que hay entre Turín y Pollone en una jornada, sin dar muestras de desfallecimiento. Una de las veces que recorrió esta larga etapa, su madre, que llegó preocupada unas horas más tarde, lo encontró paseando por la sala y declamando en alta voz versos de *la Divina Comedia*, tras haber disfrutado de una opípara merienda.

Durante las vacaciones veraniegas en la finca, se ocupaba asiduamente en ayudar al hortelano en el cultivo del campo. Cavaba, regaba el huerto, cuidaba el jardín, recogía patatas y cargaba en una carretilla cajas de manzanas..., preciándose de ser más hábil que el propio hortelano en las tareas agrícolas.

Pero donde gozaba más de sus vacaciones veraniegas era en el mar de Liguria, en el golfo de Genova, en donde pasaba con la familia alguna semana. Nadaba como los peces, zambulléndose en el Mediterráneo, desafiando las olas, tostado por el sol y corriendo por la cálida arena de la playa.

Disfrutaba también montando a caballo, enorgulleciéndose de tener muy domado a «Parsifal», un ejemplar irlandés, fogoso y difícil. Varias veces hizo también el trayecto de Turín a Pollone montando en esta cabalgadura.

Desde muy joven se había adiestrado y le entusiasmaba conducir el automóvil de su padre. Buen piloto, llevaba el volante con serenidad y reflejos propios de un maestro. Mientras conducía cantaba y gritaba. Cuando iba con su hermana, ponía el coche a «gran» velocidad, gozando con los zarándeos de quienes le acompañaban por aquellas carreteras llenas de baches. Pero cuando iba su madre con él, conducía despacio.

En una ocasión iban la madre y la hermana con él en el coche. En una curva cerrada se encontró de improviso con un carro arrastrado por tres caballerías en medio del camino. Por un lado, una roca escarpada; por otro, un débil parapeto y una fuerte pendiente que descendía hasta un torrente. La madre y la hermana quedaron lívidas del susto. Pero el automóvil pasó rozando el bordillo y continuó su carrera, gracias a la pericia del conductor. «¡¡Bravo Giorgetto!!», exclamaron las dos viajeras.

Una aventura de su primera juventud. Tendría nuestro héroe unos 16 años, edad en la que se descubren novedades en la vida. Un día, con un grupito de amigos y amigas del Liceo conciertan una entrevista en un restaurante del Parque para tomar algo y charlar. Después dieron unas vueltas y todo quedó en eso. A principios de siglo, era, como mínimo, una travesura punible. Doña Adelaida descubrió una cuartilla escrita de puño y letra de su hijo, dirigida a uno de los compañeros, en la que había frases extrañas que revelaban una conducta que no era habitual en su «Dodo». Averiguando, se enteró de que los compañeros de su hijo habían vendido libros de estudio (tal vez inútiles) para costear los gastos de las consumiciones. Pero la dejó más asombrada comprobar que Pier Giorgio había retirado una cantidad regular de dinero de la libreta de ahorros que tenía a su nombre. La buena mujer, hecho el descubrimiento, avisó a las mamas de dos de los compañeros, que confesaron la aventura y prometieron enmienda. Inmediatamente alcanzaron el perdón materno. Pero Doña Adelaida se resistió a otorgar el perdón a su hijo, porque no vio en él pruebas claras de arrepentimiento. Adoptó una actitud muy seria y seca con él. Pocos días después, estando ella en su alcoba, entra de repente Pier Giorgio, con ojos centelleantes, se arrojó a sus pies y le dijo:

«¡Perdón, mamá, perdón! No sabía lo que hacía. Te lo prometo, te lo juro: no lo volveré a hacer más».

Y, cogiéndole la mano, se la besó. La madre, emocionada, tomando al hijo en sus brazos, le dio un beso. Era el perdón. Sabía que Giorgetto no volvería jamás a repetir la aventura».

4. ESTUDIANTE UNIVERSITARIO

El joven Frassati se matriculó en el Politécnico de Turín en el año 1918, a los 17 años de edad, para cursar la carrera de ingeniero de minas. El ideal de haber elegido esta carrera lo tenía bien claro desde el principio: «Yo seré ingeniero de minas para poderme consagrar a Cristo entre los mineros. Como sacerdote no podría hacerlo, pero como laico que da buen ejemplo, verdaderamente católico, podré lograrlo... Como ingeniero puedo, dando buen ejemplo, actuar de modo eficaz... Yo quiero ayudar de todas las maneras posibles a mi gente, y esto lo podré hacer mejor como laico que como sacerdote».

Un profesor suyo que lo conocía muy bien expresa sus temores acerca de la oportunidad de tal carrera para él:

> «Recuerdo que cuando comencé a tratarlo como alumno de bachillerato era tardo en entender y cerrado como un montañés, pero no menos tenaz. A mis dudas de que tal vez tropezaría con dificultades en sus estudios de ingeniería, me respondía siempre que quería llegar a ingeniero a costa de cualquier sacrificio. Y salió con la suya. No desesperaba yo, sin embargo, del buen éxito, conociendo su fuerza de voluntad y habiendo comprobado antes el influjo decisivo que ejercía en su desarrollo intelectual el estudio de las matemáticas. Del último año de bachillerato a los primeros del Politécnico he visto su inteligencia abrirse como una flor; luego, agudizarse y tornarse poco a poco más ágil y rápida, hasta permitirle vencer, con estudio y tenacidad, cualquier dificultad».

Para él, a los 17 años, estudiar era un deber serio, seguido con férrea voluntad. Subordinaba al estudio sus vacaciones, sus diversiones, sus actividades religiosas y políticas, las excursiones a los Alpes... Lo que nunca sacrificó ni al estudio ni a nada, fue la comunión diaria.

Prueba de su dedicación plena al estudio es el fragmento de una carta dirigida a un compañero:

«He reanudado mis estudios, pero he debido cambiar de horario, porque a la noche es imposible estudiar con la música de baile bajo las ventanas. Por eso, a esas horas, duermo. Por la mañana, cuando aún no ha amanecido, me clavo en la silla, delante del libro. ¡Fíjate, qué estupidez: me estropeo el verano para apresurar el día de la obtención del título! Quiero acortar los pocos días que me restan de vida estudiantil. ¡Dios mío, qué encantadora!».

Levantarse antes del amanecer suponía para él, como para cualquier muchacho de su edad, un esfuerzo titánico. La «música del baile debajo de la ventana» no le impedía dormir, porque iba cansado a la cama. Pero no faltaron ocasiones en que la profundidad del sueño matutino resistió las cinco repeticiones del despertador. El padre, que dormía en la habitación contigua, lo encontró un día en el baño, a las siete y media de la mañana, y le comentó irónicamente: «Bien, Giorgetto; ya lo entiendo: ¡pones el despertador a las cinco para papá, y tu sigues durmiendo!».

Al poco de comenzar los estudios universitarios ingresó en la FUCI (Federación Universitaria Católica Italiana), que tenía en Turín el Círculo «Cesare Balbo». Allí se reunían los jóvenes estudiantes católicos, discutían de todo, programaban actividades, practicaban juegos de salón, sobre todo el de billar, en el que Frassati era bastante experto. En este Círculo conoció al Padre Filippo Robotti, dominico, seguidor de la línea política de Don Luigi Sturzo, fundador del Partido Popular Italiano. Movido por el Padre Robotti adquiere el carnet del partido en 1920, y el mismo Padre lo introdujo en el Círculo anticomunista «Jerónimo Savonarola», en la parroquia de Lingotto.

Aquellos años eran tiempos agitados y turbulentos, sembrados de manifestaciones y huelgas laborales. Eran los tiempos de la primera posguerra europea, en que regresaban de los frentes soldados que habían luchado en las trincheras y muchos de los que habían permanecido en los hospitales. Todo gente joven, algunos de los cuales habían interrumpido su carrera universitaria para incorporarse a filas. Reverdecían los movimientos obreros animados y embelesados por la revolución rusa, y se radicalizaba la lucha de clases. La batalla contra la religión, concretamente en contra de la Iglesia católica, cobraba más fuerza cada día. Las posturas políticas se encrespaban y reclamaban actitudes claras y valientes, sobre todo en la juventud, que nunca supo de medias tintas.

Pier Giorgio era un muchacho valiente, decidido y comprometido, que tomó en serio su ideología católica y nunca se arrugó ante las dificultades. Nunca escondía la cara, ni su condición de católico ni su filiación política, como veremos en detalle. Encontraba tiempo para todo, aunque subordinado al estudio de su carrera de ingeniero. A pesar de sus muchas actividades sociales, políticas, caritativas y religiosas, nunca abandonó el estudio, sacando los cursos con cierta holgura, pero sin brillantez.

Su madre seguía muy de cerca los estudios del hijo y le aconsejaba, o corregía con mucho cariño en las distintas situaciones arriesgadas que podían entorpecer la marcha de su carrera.

Cuando su padre fue nombrado embajador en Alemania, en 1920, Pier Giorgio perdió un curso, debido al traslado de la familia a Berlín. Pero allí no perdió el tiempo porque, además de perfeccionar el alemán que llegó a hablar con soltura, tomó contacto con la juventud católica estudiantil alemana, conoció la vida y obra del sacerdote Karl Sonnenschein, llamado «el San Francisco de Berlín» y se relacionó con la familia de Karl Rahner, uno de los grandes teólogos de nuestro siglo.

Después de perder este curso, el centro de su vida y de su acción es Turín, en donde sigue cursando su carrera. En su ciudad natal vive con la hermana de su madre, que lo trata con confianza y autoridad materna. Irá con frecuencia a visitar a sus padres y se interesará vivamente por la juventud berlinesa, así como por la evolución de la difícil situación de una nación vencida y depauperada por la guerra. En más de una ocasión mandará buenas sumas de dinero para socorrer a los necesitados. Para él fue muy enriquecedora esta experiencia berlinesa.

5. LUCHADOR VALIENTE

Nuestro joven estudiante no contempla los toros desde la barrera, sino que baja a la arena y se moja, defendiendo la convicción de sus ideas políticas o religiosas con su palabra o con la fuerza para defenderse. Su musculatura atlética, robustecida en las escaladas alpinas, le presta un arma poderosa al servicio de su ideal.

Su valentía serena contagiaba a los compañeros. En la primavera de 1920, a sus 19 años, época de agitaciones obreras, de huelgas y piquetes, no duda un momento en ir a cara descubierta a dialogar con obreros amotinados, con el riesgo de ser recibido de manera poco cortés. Refiere un compañero:

«Un día me vino a buscar para que fuésemos juntos a visitar un establecimiento fabril, cuyos obreros eran de los más agitados. Como siempre, llevaba en el ojal de la solapa el escudo del Partido Popular. Al dirigirnos a la primera brigada, le dije que me parecía oportuno que se lo quitara, a fin de evitar incidentes acaecidos en otras ocasiones. Me respondió: «Ya verás cómo nadie nos dice nada». A mis reiteradas instancias respondía siempre con análogas razones. El recorrido por las distintas secciones duró por lo menos tres horas, durante las cuales habló amistosamente con una veintena de obreros. Todos le contestaron cortésmente, a tal punto que luego lo hice notar, admirado, a mis colegas ingenieros. Porque ya estábamos acostumbrados a oír expresiones hostiles y, con frecuencia, vulgares, contra visitantes ajenos a los talleres».

Un movido primero de mayo, su madre vio que se disponía a salir a la calle con la insignia del PPI en la solapa, advirtiéndole que era muy arriesgado salir así en un día como aquel. Él le contestó que les habían ordenado llevar la insignia. Y así salió, muy seguro de sus recursos.

El Padre Filippo Robotti escribía:

«No faltaba nunca allí donde amenazaba algún peligro por parte de la golfería subversiva y masónica; y aun entonces se hacía notar por su imperturbable calma anta las amenazas y peligro. Alguna que otra vez, en los años revueltos de 1919-1920, aconteció que me llamaron a hablar a jóvenes obreros en los suburbios de Turín, donde en aquellos tiempos los socialistas tenían el predominio. Y donde, en caso de agresión, difícilmente se podía contar con la policía. Generalmente, iba acompañado por un grupo de jóvenes, más como protección moral que material, pues éramos pocos y sin armas. Pier Giorgio me acompañó varias veces en aquellas peligrosas excursiones de propaganda; y cuando los bolcheviques nos rodeaban gritando amenazadores, jamás le vi amedrentarse. Se pegaba a mi cuerpo, pronto a defenderme con su vida, si alguno se hubiese atrevido a cometer conmigo cualquier violencia material».

Un amigo y colega en los hechos refiere otro caso de valentía. Se había ofrecido voluntario para hacer propaganda política ante unas elecciones. Y salieron a pegar carteles.

«Nos acomodamos cuatro amigos en un coche de alquiler. Llueve a cántaros. Y nosotros, ¡adelante, a toda marcha! El interior del coche es un amasijo de hojas volantes y de impresos. En los estribos, dos grandes ollas chorreando engrudo. Así recorrimos varias calles, pegando por todas abundantes manifiestos. Al fin, una olla se vuelca, pero una pacífica ama de casa, convencida por un persuasivo discurso de Pier Giorgio, nos provee de cuatro puñados de harina. Llegamos a la Plaza Solferino, muy animada en aquella hora, las once y media de la noche, por la multitud de gente que salía del teatro. Frassati, con la olla en una mano y la brocha en la otra, se lanza a la conquista de las bruñidas columnas del Palacio de los Seguros de Venecia. Al poco rato vemos que, depuestas las armas, cruza agitadamente palabras con un grupo de enemigos políticos. Llegan otros, nos amenazan, cubriéndonos de expresiones soeces. La refriega verbal deriva en riña, pero nosotros nos metemos en el automóvil y seguimos nuestra carrera. La escena se repite poco después, hasta que en la Plaza Cario Alberto, depuestas las gloriosas armas, cansados y embadurnados de engrudo, regresamos a nuestro barrio».

La madre lo recordaba entrando en casa, después de medianoche, jadeante y con la ropa llena de engrudo.

Un día debatían los estudiantes del «Cesare Balbo» las posibles fórmulas de conciliación con el grupo anticlerical del Círculo «Giordano Bruno», tras haber sido rota por segunda vez la vitrina de anuncios del Politécnico. Dos de los presentes, comisionados para el caso, exponían las fórmulas conciliatorias. En eso llega Frassati y propone otra fórmula:

— «¡Yo la emprendería a puñetazos!», dijo. Y continuó: «¿Tenemos, o no, derecho a defenderla? ¿O sólo ellos tienen derecho a romperla?».

— «Pero, escucha, –replicó uno– mientras haya dos malintencionados, acabarán rompiéndola y no es el caso de plantarnos en guardia día y noche».

— «Yo digo que convendría dar una lección», insistió Frassati. Y de repente mira el reloj y cambia el tono de voz, diciendo: «Pero esta noche hay Adoración nocturna. ¡Vámonos!». Y empujando a los amigos con su acostumbrada jovialidad, los saca del Círculo.

No se puede callar un enfrentamiento en el que el grupo de Pier Giorgio tuvo que bajar la cabeza y retirarse vencido por los adversarios.

En los días de Carnaval, los estudiantes del «Cesare Balbo» habían clavado en la vitrina del Politécnico un anuncio invitando a los católicos a un acto de desagravio. El anuncio desentonaba en medio de otros muchos que invitaban a mascaradas, bailes, y tés. A muchos no católicos les pareció una provocación, y decidieron arrancarlo. Pier Giorgio, con un bastón en la mano, estaba dispuesto a defender su anuncio. Pero venció el número de los contrarios, y arrancaron el cartel, quemándolo. Frassati salió del Politécnico sin hacer ningún comentario. Sabía perder.

El episodio que tuvo resonancia en toda Italia y más allá de sus fronteras fue el sucedido en Roma en el verano de 1921. Se celebró en Ravena el I Congreso de PAX ROMANA y, a continuación, el X Congreso de la FUCI. Allí estuvo presente nuestro protagonista. Al terminar este Congreso, un elevado número de jóvenes católicos, unos 50.000, se trasladaron a Roma. El relato, narrado por uno de los presentes, es realista.

«Jornadas inolvidables aquellas, llenas de vida y pasión. Para el domingo, día 4 de septiembre fue fijada una misa para todos en el Colisseo. Por la mañana los grupos que iban llegando de todas partes con sus banderas, hallaron el local rodeado de tropas. Por razones de orden público, el gobierno había prohibido la función religiosa. Quien presenció el estallido de indignación por aquella ingrata sorpresa, podrá formarse una idea de cómo espíritus pacíficos y buenos son capaces improvisadamente de adoptar apariencias de revolucionarios. Los pobres jóvenes, dispersos, afligidos, casi todos en ayunas, porque querían comulgar, se encaminaron al Vaticano. Oyeron la misa en San Pedro y después, en procesión ordenada, entraron en los jardines, en donde tuvo efecto la audiencia y la alocución del Santo Padre, Benedicto xv.

Del Vaticano debíamos ir a rendir homenaje ante el altar de la Patria, cuando llegó una orden de la Intendencia de la policía prohibiendo la manifestación. Creyeron equivocadamente que podrían contener y disolver una masa compuesta de cincuenta mil jóvenes, por lo menos. La autoridad dio orden a las tropas de acordonarse, pero el empuje enorme de la masa juvenil les obligó a dejar libre el paso. Entre tanto, en el corazón de cada uno de nosotros, pasado el primer momento de temor, se abrió camino una legítima indignación por aquella prohibición incomprensible. Salvamos con algún incidente y sin gran dificultad nuevos cordones de tropa y sentimos ya el júbilo de ver de cerca la meta. Pero en la Plaza del Gesú nos esperaba la guardia real a caballo. Entre caballo y caballo, ganándonos más de un mandoble, desembocamos en la calle del Plebiscito.

Pier Giorgio llevaba alzada con las dos manos la bandera tricolor del «Cesare Balbo». De improviso, salen del portal del Palacio Alfieri, adonde estaban acantonados, unos doscientos guardias A las órdenes del funcionario de policía más sectario que he conocido. «¡A culatazos con ellos; quitadles las banderas!», grita. Más que con jóvenes desarmados parecía que estaban tratando con fieras. Golpeaban con las culatas de los mosquetones; arrebataban, despedazaban y rasgaban nuestras banderas. Nosotros nos defendemos como podemos, con uñas y dientes. Veo a Frassati forcejeando con dos guardias que intentan arrancarle la bandera. Vamos en su ayuda, y la bandera, con el asta rota, permanece en sus manos. Otros guardias rodean a nuestro grupo y nos   empujan hacia el patio del Palacio, utilizado como departamento de seguridad. Ya allí, un guardia toma la filiación, con esa cortesía y esos modales que suelen usar en semejantes casos, como si un detenido fuera, sin más, un delincuente.

— «¿Cómo te llamas tú?, interroga.
— «Pier Giorgio Frassati», responde con la cabeza erguida.
— «¿Tu padre?».
— «Alfredo».
— «¿Qué es tu padre?».
— «Embajador de Italia en Berlín».

Estupor, cambio de tono, ofrecimientos, promesa de libertad inmediata.

— «¡Saldré cuando salgan los demás!», responde Pier Giorgio.

Entre tanto, en la Plaza del Gesú el bárbaro espectáculo continúa. A cada joven arrestado que llega se le recibe con abrazos efusivos. Muchos traen la ropa destrozada; algunos llegan heridos. Un sacerdote es arrojado, literalmente arrojado, en el patio con la sotana destrozada y una mejilla ensangrentada. A nuestros gritos de protesta, nos atropellan de nuevo a culatazos. Un joven de Cerdeña, que por nada del mundo quiere ceder su bandera, se ve amenazado con una bayoneta. Corre Pier Giorgio al teniente de guardia, y esa vez aúlla, más que pronuncia, su prestigioso apellido paterno para que haga cesar aquella indecencia. En efecto, el oficial reprende severamente al guardia y repite a Pier Giorgio que se halla en libertad. Pero él permanece allí con su bandera...».

Cuando al día siguiente se dirigieron otra vez a San Pedro, los estudiantes de Turín tuvieron la ocurrencia de llevar en triunfo la bandera despedazada, a pesar de la orden dada de dejar en casa todas las banderas.

«Dicho y hecho –escribe uno de los participantes–, Frassati baja precipitadamente al patio del colegio y regresa con un palo de explorador, hallado no sé dónde. En un pedazo de cartón escribimos con letras muy grandes este rótulo: BANDERA TRICOLOR INJURIADA POR ORDEN DEL GOBIERNO. Arreglamos todo esto de la manera más visible, y llevamos nuestra bandera triunfalmente por las calles de Roma hasta la Plaza de San Pedro».

En el diario *La Stampa*, del que era director su padre, un día de junio de 1924 apareció un duro artículo condenando los abusos y violencias de las llamadas «expediciones punitivas», que llevaban a cabo grupos de vanguardistas afiliados al «Fascio».

Un domingo, el 22 de julio de ese año, la madre y el hijo estaban comiendo tranquilamente en su casa. Llaman a la puerta y un grupo de jóvenes fascistas irrumpe en el domicilio. Uno de ellos, provisto de una porra de goma con tachones de plomo, hace saltar el espejo del recibidor, mientras los demás van hacia la sala del billar, rompiendo a golpes cuanto hallan a mano. A los gritos desesperados de la camarera y al ruido seco de los golpes, madre e hijo se levantan de la mesa y, temiendo que le suceda algo a la sirvienta, se dirigen precipitadamente a la entrada. Pier Giorgio logra aferrar por el brazo a un individuo que intentaba arrancar el teléfono, lo desarma de su porra y le propina una serie de puñetazos, gritando: «¡Cobardes, bellacos!». Lo habría inmovilizado y detenido. La madre, advirtiendo que el invasor tenía una mano metida en el bolsillo, en donde sospechaba que guardaba una pistola, mientras el hijo estaba desarmado, le gritaba: «¡Déjale, déjale que se vaya!». Los otros «valientes», temiendo ser apresados, habían abandonado la empresa huyendo precipitadamente. Por fin, logró escaparse también el que luchaba con él. Luego de haber cerrado bien la puerta de casa, el valiente luchador se lavó las manos y con su acostumbrado apetito se sentó nuevamente a la mesa con su madre y continuó comiendo, como si nada hubiera pasado. Pero él sonreía cuando desde muchos lugares, por teléfono, por telegrama, por cartas y en la calle, le llovían felicitaciones. Y siguió su vida ordinaria de estudio y clases, sin dar mayor importancia a lo sucedido.

Doña Adelaida escribe a su hija, que esos días está en Londres, relatándole el atropello:

«Pier Giorgio no sabe discursear, pero sabe obrar con valentía, con presteza, con sencillez. Que Dios le conceda una compañera que sepa, como él, «buscar las cosas de arriba». Cuando papá llegó a casa, le abrazó emocionado. Ciertamente, da una gran calma y una gran fuerza tenerle al lado. ¡Tan niño y más hombre que muchos! Quiera Dios que lo tenga siempre cerca en los peligros. Pier Giorgio será siempre admirable en todos sus actos porque no piensa en sí mismo, sino que espontáneamente piensa en los demás: le nace de su gran y hermoso corazón. ¡Que Dios lo bendiga!».

En enero de 1925, seis meses después del episodio que acabamos de narrar, vio pegados en el patio del Politécnico unos panfletos que contenían injurias graves contra el director del Centro, profesor suyo, y se puso a arrancarlos. De inmediato se vio rodeado por un grupo de estudiantes que, amenazándole, exigían inmediata reparación de aquel «atentado contra la libertad de pensamiento». Con decisión y calma, contestó:

«El error y la calumnia no tienen derecho a libertad alguna». Y concluyó su lacónico discurso: «Si doy con otros los arrancaré igualmente, sin dejar uno».

Los adversarios quedaron mudos ante el reto. Los amigos presentes temían lo peor. Pero la escena terminó sin llegar a las manos. Frassati marchó tranquilamente a clase.

Tras el atropello a su casa, el Padre Cesarini, encargado de atender a los jóvenes universitarios de la Adoración nocturna, advirtió que nuestro joven adorador faltaba a las vigilias en los días señalados. La primera vez que lo vio le dijo sonriendo: —«¡Oh, querido Jorge! ¿temes por tu piel y por eso dejas de venir a la adoración?».

— «¡Qué miedo! –respondió con franqueza natural–. Es que ahora tengo que estudiar mucho, incluso de noche, ante los exámenes, por eso he faltado».

— «Ya veo y sé que no tienes miedo, pero harías bien en no salir solo por la noche. Cuando vengas a la Adoración, hazte acompañar. Hay muchos jóvenes de los nuestros que son fuertes y valientes».

Él soltó una carcajada ante la recomendación de hacerse acompañar. Después se puso serio y se ruborizó porque el Padre la había tenido por cobarde. ¡Todo, menos cobarde!

6. Amistades

Nuestro joven estudiante, franco y sincero, alegre, vivaz, pletórico de vida, deportista consumado, tuvo muchos compañeros. Los socios del «Cesare Balbo» apreciaban sus cualidades humanas, su decisión, su buen humor permanente. Con ellos compartía los juegos de salón y de mesa, las excursiones a la montaña, sus ideas políticas, sus inquietudes ante los exámenes, sus andanzas propagandísticas y sus bromas.

Pero amigos, verdaderos amigos, tenía pocos. Con estos intimaba profundamente, con ellos explayó sus sentimientos más íntimos, animándolos y aconsejándoles como podría hacerlo su propio padre. Los tenía al corriente de sus actividades, de sus viajes, de sus preocupaciones. Con ellos era transparente.

La amistad auténtica la fundamentaba en el vínculo de la fe común y compartida. Escribía a uno de sus verdaderos amigos, que acababa de examinarse brillantemente de final de carrera:

«La noticia me ha alegrado y entristecido al mismo tiempo. No hay placer sin dolor. Tu éxito significa para mí separación y alejamiento. He pensado en los días alegres que hemos pasado juntos en nuestras excursiones a las montañas. Un consuelo me queda en medio de tantos pensamientos alegres y tristes, y es la certeza de que un vínculo, que no conoce distancias, nos une, y espero, con la gracia de Dios, que nos unirá siempre. Ese vínculo es la fe, el ideal común a los dos, que podrás defender en tu carrera con los medios que te proporcione la vida militar, y que yo procuraré, Dios mediante, defender y sostener en mi futura vida de hombre».

Y a otro le comenta:

«Bien has dicho que existirá un vínculo indisoluble que nos unirá siempre. Ese vínculo, ya lo sabemos, es la fe, la que nos ha hecho compañeros de encantadoras excursiones y ha fundamentado sobre bases graníticas nuestra amistad. Es este el único alivio que experimentamos en medio del dolor de la separación. Si no nos alentase esta esperanza, ¿cómo podríamos vivir, sabiendo que toda alegría humana arrastra un dolor?».

La amistad es sincera y nunca se retrae cuando hay que reprender o corregir, o alabar y animar al amigo. Siempre con sencillez y confianza cuando se advierten fallos o aciertos en el amigo.

«Tendría que darte un tirón de orejas –le dice a uno– pues veo que comienzas a distraerte, en vez de cumplir los buenos propósitos que hiciste en Turín. Mira, tienes que lucirte. En octubre tienes que rendir, al menos, dos exámenes y el invierno próximo aplicarte de veras, porque los años pasan, se llega a mayor y hay que tener juicio».

Y a otro:

«Hay que esperar que el éxito de tu examen te habrá inspirado firme propósito de continuar estudiando los pocos meses que nos quedan antes del verano para sufrir otros exámenes y poco a poco ir terminando la carrera, pues cada día que pasa rebaja las ganas de estudiar. Esto lo he experimentado en mí mismo y por eso te exhorto a que realices el último gigantesco esfuerzo: después estarás contento».

Ya un tercero:

«Quisiera echarte un sermoncillo; cierto que podría salir de mejor pulpito, pero ¿qué quieres? Te escribo porque soy tu amigo, y no por otra razón. Apenas termines tus ocupaciones en Palermo, ven a Turín y estudia con seriedad, porque ¿comprendes?, durante el 1925 no habrá exámenes mensuales y te metes en graves dificultades, y luego, créeme, cuanto antes terminemos, menos tropiezos hallarás».

Los amigos corresponden a su interés y le reclaman sus consejos. Uno de ellos le confiaba con sinceridad:

«Ayer tarde me hallaba en completa crisis, porque estoy llevando una vida poco buena. Todavía no he comenzado a estudiar; pierdo la mar de tiempo. Pero pienso entregarme con seriedad al estudio para que no me suceda lo que el verano pasado. Escríbeme algo, pues en estos momentos, sobre todo, da mucho gozo recibir las buenas palabras de los amigos».

Con motivo del Año Santo (1925) siente urgencia de paz en el corazón de sus amigos. Paz que es un don de Dios, como él la siente y quiere vivir. En tiempo de luchas y de guerras frías se nota más la falta de paz entre las naciones y la ausencia de la misma en el interior de cada persona. Y, porque así lo siente, escribe confiadamente a un amigo:

«El año ha comenzado bien. Después de haber brindado con los míos, he ido a la iglesia de los Santos Mártires y allí, en la iglesia abarrotada de gente he rezado para que reine la paz en Italia y en nosotros. Esa paz que es el deseo ardiente de todos nosotros, venga este año, en que las gracias del Señor se multiplican. Y ahora, ¡cuidado!, augurémonos para nosotros una voluntad fuerte a fin de que podamos muy pronto llevar a feliz término nuestro doctorado. Estoy gozoso de terminar mis estudios en un año tan bello».

Insiste en el logro de esta paz cristiana como el mejor regalo de Pascua del Año Santo.

«Espero que esta carta te llegará para Pascua. Te las deseo muy felices, al mismo tiempo que te mando mis afectuosos augurios, mejor diré, uno sólo, porque creo es el único que un verdadero amigo puede hacer a un amigo querido, y es que la paz del corazón te acompañe siempre, pues si todos los días te hallas en posesión de esa paz, serás verdaderamente rico. Te pido que reces mucho por mí, para que acierte a fortalecer mi flaquísima voluntad».

La amistad más delicada y limpia la compartió con algunas compañeras de estudio y de excursiones o de obras apostólicas. Mantenía con ellas una relación sencilla y cordial, natural y limpia. Con las chicas se comportó siempre como un caballero. Confiesa que aprendió mucho en el trato con las amigas:

«En la vida terrena —dice— después del afecto para con los padres y hermanos, uno de los más encantadores es el de la amistad. Debería dar gracias a Dios todos los días por haberme dado tan buenos amigos y amigas, que son una guía preciosa para toda mi vida. Cada vez que me veo con la señorita N. N. quedo admirado de su bondad y pienso en el bien inmenso que ciertamente ha hecho y el que hará un alma tan selecta. Ciertamente, la divina Providencia, en sus admirables designios, se sirve de nosotros, débiles niños, para obrar el bien sin que nosotros, muchas veces, sepamos conocer, cuando no osamos negar, su existencia.

Pero nosotros que, gracias a Dios, tenemos fe, cuando nos hallamos en presencia de almas tan hermosas, verdaderamente nutridas de fe, no podemos dejar de descubrir en ellas una señal evidente de la existencia de Dios, porque bondad tan exquisita no podría darse sin la gracia divina... Y ¿qué diré de N. N. y de N. N.? Almas también estas tan generosas, que ante ellas pienso muchas veces en la ingratitud que tengo para con Dios, correspondiendo tan mal a las gracias que el Señor, en su gran misericordia me ha prodigado siempre, sin tener en cuenta mis pecados. Puedes creerme que el ejemplo de las tres ha sido para mí muy provechoso, especialmente en ciertos momentos de mi vida, en que la carne prevalece contra el espíritu».

Así pensaba él sobre sus amigas. Pero ¿cómo pensaban sus amigas de él?

«Sabía ser amigo –dice una– como pocos saben serlo: cordial, sencillo. Con nosotras se comportaba perfectamente, esforzándose claramente en ser igual para con todas, de manera que ninguna pudiera decir que había recibido una cortesía, un pensamiento, ni siquiera una postal más que las otras. En esta especie de justicia distributiva ponía un escrúpulo delicadísimo, una especie de aristocracia de las formas y eso, no obstante, se conducía con cada una de nosotras de muy diversa manera, acomodándose a nuestra mentalidad peculiar. ¡Para mí fue tan fraternal compañero de vida universitaria y de excursiones! ¡Hemos vivido juntos tantas horas alegres y tantas risas! Hemos compartido las jiras, los exámenes, las bromas... los proyectos risueños...».

«Al regreso de las excursiones –escribe la misma– en que yo no había podido formar parte, me traía flores y fotografías de los Alpes. Todavía me parece verle sacar del bolsillo un paquetito de gencianas medio mustias, recogidas el día anterior en Val Susa. «No se las doy todas –me decía–. Estas otras son para N. N. que, pobrecita, está en Génova y desde hace tiempo no ha visto nuestras montañas».

Con motivo de sus fiestas, onomástico y cumpleaños, les regalaba libros: la *Vida de Cristo*, de Papini, las *Cartas de San Pablo*, siempre con sentidas dedicatorias. «Siempre ponía al Señor entre él y nosotras –confirma otra– como vínculo de unión, y en el Señor santificaba la amistad, la alegría, todo sentimiento, todo instante de la vida».

Se interesaba por los exámenes de cada una y oraba por el éxito de los mismos, así como pedía a ellas oraciones por los propios. «En todos los exámenes –refiere una amiga– venía humilde y confiado a solicitar ayuda. Porque yo sólo –decía– no podría salir airoso en nada. ¿Qué podemos hacer sin el Señor?», repetía. Cuando me tocaba a mí, me daba espontáneamente y ampliamente la más generosa ayuda. «Por un examen mío hizo una hora de adoración en la iglesia de la Consolata, y nada rehusaba la Virgen a su hijo devoto y confiado».

Así fue Pier Giorgio en el trato con las jóvenes de su edad. Delicado, alegre, bromista, galante, sencillo. Nunca pronunció en presencia de ellas una palabra grosera o menos respetuosa. Su mirada, transparente y limpia, las contemplaba en la belleza más pura, y les daba confianza para conversar con él y saberse acogidas con la elegancia propia de un caballero y verdadero amigo.

7. LA TENTACIÓN DE LA NIEVE

La «tentación de la nieve» era irresistible para Pier Giorgio. Le decía a un amigo:

> «Cada día que pasa me enamoro más perdidamente de la montaña; su fascinación me atrae con fuerza». «Cada vez es mayor el deseo de escalar los montes, ganar las cumbres más arriesgadas y disfrutar de aquel purísimo gozo que sólo se saborea en las montañas. No quería volver a esquiar, pero ¿cómo se puede resistir a la tentación de la nieve?».

En una pequeña tarjeta escribió desde el «Pequeño San Bernardo» el 4 de marzo de 1923: «He dejado mi corazón en estos montes, con la esperanza de encontrarlo este verano, escalando el Monte Blanco».

Nuestro alpinista fue iniciado en esta afición montañera por su propia madre. El mismo confiesa: «Mamá está muy contenta de saber que estoy en los montes. De niño me hizo atravesar en invierno el paso de la Betta Forca y subir al Castore, en el macizo de Rossa».

En cierta ocasión, noviembre de 1924, unos compañeros de estudios le proponen una excursión a la Bessanese. Temían que su madre se opusiese, porque aquella montaña, difícil de escalar en verano, resultaba mucho más arriesgada en las puertas del invierno. Pero ella, que conocía por experiencia aquellas rutas, la favoreció gustosa y les animó con informes y consejos, y, por supuesto, con liras.

Al comenzar su carrera universitaria, el año 1918, se afilió a la Sociedad de Alpinistas Italianos. Durante las vacaciones, los puentes escolares, los carnavales y los fines de semana, salía de excursión con un grupo, más o menos numeroso de chicos y chicas, en busca de los aires alpinos. Las comidas eran a base de bocadillos: queso, café con leche, chocolate y algunas frutas, que los excursionistas llevaban en sus mochilas sobre las espaldas, con los esquíes y herramientas para escalar. Un peso bastante pesado.

«En una ocasión –cuenta él mismo– la directora de la excursión nos ofrece en Rocca Sella un almuerzo preparado por ella misma. ¡Vaya hambre que vamos a pasar! Le he aconsejado que alquilara un borriquillo para llevar las provisiones, pero ella me responde cortésmente que yo soy muy indicado para semejante menester».

Cuando volvía a casa después de las excursiones traía un hambre canina, y vociferaba a la cocinera, como ella misma recordaba: «¿Me quiere cocinar medio quilo de macarrones?». Llegaban a la mesa humeantes y enrojecidos por un buen jugo de tomate y eran acogidos con tan formidables vivas y gritos de júbilo, que enorgullecían a la cocinera.

Vestido con una amplia cazadora, camiseta oscura, cargado con su mochila y esquíes a la espalda, anchos pantalones de deporte, medias escocesas de vivos colores y el gorro escocés echado a un lado con las cintas colgando, fuerte, gallardo, cuadrado, se le veía radiante de alegría caminar con sus gruesas botas de cuero hacia el campo de su juego preferido, relajante y robustecedor.

Una mañana, a eso de las once, comenzó con un amigo a descender del «Pequeño San Bernardo» en dirección a

Francia. La bajada era embriagadora, el tiempo inmejorable, el viento a favor, los palos indicadores de las pistas bien visibles…, y bajaron tanto, que el estómago los avisaba que era la hora de la comida. No llevaban reloj y el refugio estaba lejos. El regreso fue muy laborioso: viento fuerte en contra, ráfagas de aguanieve, la pista borrada, porque los palos de las señales habían desaparecido. Mientras el amigo comenzaba a jadear, Pier Giorgio seguía la marcha con la cabeza descubierta, las manos en los bolsillos, caminando tranquilo y seguro; se volvía hacia atrás y le tendía una mano al compañero en los pasos difíciles. Llegados al refugio, mientras el amigo tuvo que descansar un rato de la fatiga, él se sentó inmediatamente a la mesa y comenzó a devorar la comida con su habitual apetito, avivado por la caminata. Por las noches, alrededor de la estufa, en los albergues en donde la había, en la reducida estancia, baja y oscura, cantaban, charlaban y reían hasta muy tarde. La sala estaba adornada con las colgaduras de los trastos y vestidos que habían puesto a secar. Pier Giorgio, «fumaba su pipa» y con las mangas arremangadas engrasaba todas las noches sus botas para que al día siguiente estuvieran blandas e impermeables. Poco a poco, los compañeros se hacían clientes suyos y se convertía en el engrasador oficial de las botas de todos.

De ordinario se ofrecía para cambiar su estancia de dormir por la de un compañero o compañera que insinuaban que su puesto era más frío que el de Pier Giorgio. Y en más de una ocasión cedió las mantas de su litera a un compañero friolero, dando como razón: «Porque yo tengo calor».

Y cuando decidían guardar silencio para dormir, él invitaba a rezar el Rosario, que siempre dirigía con su voz sonora de bajo. Decía a los compañeros que podían rezarlo acostados en la litera o metidos en el saco de dormir, aunque él lo rezaba siempre de rodillas.

Por la mañana se levantaba muy temprano. En el albergue del «Pequeño San Bernardo» había misa bastante pronto. Él bajaba la escalera con tanto estrépito que parecía que se hundía la casa, y descargaba sobre las puertas de las habitaciones fuertes golpes, gritando: «¡Despierta, alpino!». Frecuentemente sus avisos se recibían con palabras y protestas que le provocaban risa. Y replicaba: «¿No me dijisteis anoche que queríais venir a misa?». Cuando los demás llegaban a la capilla, allí estaba él, quieto y sereno, al pie del altar, en profunda oración. El rector de la capilla declaraba: «Todos los días me ayudaba a misa y comulgaba, y después, al volver de la excursión, en pleno día, se arrodillaba de nuevo en la capilla para visitar el Santísimo. Muchos de sus compañeros de excursión se sentían impulsados por su ejemplo y comulgaban».

Un domingo el capellán tuvo que ausentarse para atender a unos accidentados. Pier Giorgio, al ver que se quedaban sin la misa, invitó a todos a rezar el Rosario, que fue seguido por todo el personal del albergue.

En el «Pequeño San Bernardo» tocaba «diana» muy temprano con una vieja trompeta, despertando a otros huéspedes del lugar. Se hizo famoso en todos los sitios en donde acampaban los alpinistas. Años después de su muerte lo recordaban con simpatía.

En todas las excursiones surgían anécdotas que después se recordaban en los distintos grupos. Pero hay una, contada por el mismo Frasseti, que refleja su alma de montañero.

Le relata el episodio a un compañero:

«Lástima que ocupaciones serias te detengan en Livorno, pues si no, con seguridad te hubiera gustado estar aquí entre nosotros para gustar juntos del placer y las incomodidades de un «vivaque» a 2.000 metros de altura en el mes de septiembre. Al salir era nuestra intención escalar la cumbre del Bessanese por la cara del Sigismondi; y si la nieve nos lo impedía, intentar la subida por la vía normal. Al llegar a Balme y ver la roca cubierta de nieve, nos parecía imprudencia subir por la ruta de Sigismondi. Entonces nos dimos maña para alquilar unos esquíes y acometer el Albarán de Saboya. De esa manera, perdimos un par de horas en Balme y, a eso de las dos de la tarde, nos íbamos camino del refugio. Tal vez el estar desacostumbrados de llevar tales cargas ocasionó nuestra lentitud. Pasada la Meseta de los Muertos, comenzó lo peor de la subida. La nieve estaba helada y teníamos que avanzar muy lentamente, pues no teníamos las manos libres para apoyarlas en los palos. Así llegamos a un punto, distante una hora del refugio. Pero el cansancio y la incertidumbre sobre el estado de la nieve nos aconsejaron «vivaquear» allí. El buen Verutti puso manos a la obra y luego nos encontramos con una roca sobre la que pendía una capa espesísima de nieve en declive, a manera de tejado, y excavamos debajo una vivienda reducida, compuesta de las siguientes estancias: dormitorio para tres personas, comedor, cocina, recibidor, una galería grande con salón de baile, donde se disfrutaba de una vista magnífica, en comunicación con el water. Nuestra espléndida residencia medía 1,50 metros de longitud por 0,50 metros de ancho y 0,40 de alto. No tenía calefacción, pero en cambio, se hallaba bien ventilada. Los dictámenes de la higiene habían sido rigurosa y fielmente observados.

Preparado así el local, pensamos inaugurar la cocina y el comedor, tomando un rico té, algo menos azucarado que las palabras de nuestra presidenta. Comenzamos después a idear las maneras de ocupar las horas... pues dormir era imprudencia. Pensamos en los *Tippi Loschi* ausentes, contentos, por otra parte, que las señoritas hubiesen ido a descansar de la excursión a la colina, porque de otro modo, ¡pobrecitas!, hubiesen quedado ateridas. Pero, por lo menos, habría resultado muy hermoso que toda la sociedad en pleno hubiese armado sus «vivaques» en estas alturas.

De este modo, entre comidas, cantos, declamaciones de Dante, lecciones de astronomía y radiotelegrafía y amueblamiento continuo de nuestra casa, pasamos doce horas, desde las siete y media de la tarde del domingo hasta las ocho de la mañana del lunes. Hemos sacado una fotografía que, si sale bien, te mandaré para que veas si te he descrito bien la casa donde hemos sido hospedados con tanta cortesía».

Uno de los compañeros de aventura recuerda que rezaron el Rosario y, apenas apuntó el alba en el cielo, rezaron el *Ángelus* con jubilosa gratitud. De ese modo celebraron la liberación de aquella cárcel de hielo.

Las excursiones a la montaña le daban ocasión para ejercitar la ayuda caritativa con todos. Una amiga recordaba su primer encuentro con Pier Giorgio:

«Subía la cuesta alpina, como de costumbre, con una pesada carga; detrás de nosotros venía un maletero, un muchacho que nos ofreció sus servicios. Le cargaron sobre las espaldas los esquíes y el saco de una señorita, pero a poco comenzó a resbalar y caer en la subida helada. Con la cara enrojecida por el esfuerzo, quería hundir los pies inútilmente. Pier Giorgio se le acercó y primero le ayudó empujándolo; después tomó el saco que llevaba el zagal y se lo echó sobre el suyo; luego le tomó también los esquíes y los puso sobre los suyos y, por último, viendo que el joven iba detrás con la inútil cuerda en la mano, se le ofreció para llevarlo sobre sus espaldas. Le dijo, sonriendo y bromeando: «Pero después ¿cuánto me pagarás?».

Las ascensiones a las alturas le ponían en situación de contemplar las otras alturas: las del Autor de la naturaleza. Porque conectaba siempre con Dios a través de la belleza creada. Desde la cumbre de «La Grivola» escribió una tarjeta a su madre: «Te escribo, después de haber pasado una hora de verdadera felicidad». Al amigo a quien antes había descrito su odisea desde Balme le dedica una fotografía en la que se le ve pendiente de dos cuerdas sobre el abismo:

«Al amigo que está en Liorno adquiriendo el temple para remontar un día el vuelo hacia los cielos puros; al compañero de deliciosas jiras, que anhela como una patria las alturas más adustas y siempre solitarias.

Con afecto de *Fucino* y alpinista. Robespierre».

«Querría, si mis estudios me lo permitiesen, pasarme jornadas enteras sobre los montes para contemplar en aquellos aires puros la grandeza del Creador».

En la última gira que hizo, el domingo 7 de junio de 1925, en su adiós a la montaña repitió la subida a los picos de Lunelle, escalándolos por el lado más difícil, en donde el año anterior se había despeñado un alpinista. Llegó con el tiempo justo a la estación para tomar el tren que debía conducirlo desde Turín hasta el pie de la montaña. Lo que le valió una protesta sonora de sus compañeros. Pero él respondió riendo: «¿Qué queréis? Me he despertado tarde y apenas he tenido tiempo para oír misa, comulgar y tomar un bocado». Una alegría especial unió a los compañeros en esta gira. El ingeniero iba a terminar sus estudios dentro de pocas semanas, y todos querían celebrarlo. Atravesaron un campo de rododendros en flor, llegaron a la roca y se amarraron todos a la cuerda. Al llegar a cierto punto, Frassati señaló la cruz y la lápida que recordaban la mortal caída. «Rezaremos por él arriba», dijo. Llegaron a la cumbre y, después de admirar el panorama largo rato, se disponían a bajar, cuando recordó a todos: «¿Y el De profundis?» Quiso que uno de los compañeros iniciase el rezo. Los demás iban respondiendo. De esta manera, con un acto de caridad por un compañero, cerraba su vida de alpinista.

Fue la última vez que le venció «la tentación de la nieve».

8. Vocación

Frassati era muy práctico para la vida. Bullicioso y divertido, simpático para con todos, su visión de la realidad le hacía pensar mucho en la orientación de su vida y en la situación de los demás, especialmente en los más necesitados. Pensaba en orientar su vida en función de servicio a sus semejantes, desde la perspectiva de la fe católica. «Yo quiero, a toda costa, ayudar a mi gente», decía. Ayudar al prójimo no sólo con bienes materiales sino también con bienes morales y religiosos, ponerse al servicio de los derechos humanos de los marginados. «Cuando herede, mis bienes irán a parar a los pobres», reafirmaba convencido. «Prefiero llevar yo mismo los paquetes a los pobres, pues así puedo infundirles ánimos y darles esperanza de que la vida cambiará, pero, ante todo, convencerlos para que ofrezcan sus sufrimientos y para que vayan a misa».

Lo tenía bien claro y decidido: «Yo seré ingeniero de minas para poderme consagrar más a Cristo entre los mineros». Era una vocación bien definida: ser apóstol de Jesucristo. Pero apóstol laico.

Por su mente cruzó la idea de seguir el camino del sacerdocio ministerial. Él mismo le confesó a su hermana que le habría gustado ser misionero. Muchos de sus amigos pensaron que era un candidato seguro para el presbiterado, aunque él nunca dijo nada a nadie sobre esta posibilidad.

Ser sacerdote en la diócesis de Turín, o ser religiosos salesiano, o jesuíta, o dominico, tres órdenes muy prestigiadas en su tierra natal y en el mundo entero, era una perspectiva muy tentadora. En las tres órdenes religiosas conocía a sabios, celosos y óptimos religiosos que habrían acogido su llamada como la de un pretendiente de espléndido porvenir apostólico. En cualquiera de las tres hubiera encajado nuestro joven y habría encontrado inmensas posibilidades de hacer apostolado.

Sin embargo, decidió permanecer en la vida laical porque meditó seriamente que «como sacerdote no podría hacer tanto», mas como «laico que da buen ejemplo y verdaderamente católico, podría hacer más». «Ayudar a mi gente… y esto podré hacerlo mejor como laico que como sacerdote».

Pier Giorgio era un joven normal, sin traumas ni complejos. Pensaba en la solución del futuro de su vida, siempre con proyección humana y cristiana. Humana y cristiana, porque lo humano es cristiano y lo cristiano es profundamente humano. Por eso, pensó en el matrimonio. Consagrado a Cristo, siendo apóstol laico, como ingeniero de minas, desde el matrimonio.

Tenía una idea bien definida del matrimonio, según la doctrina cristiana.

En su propia casa había observado las luces y sombras del estado matrimonial. Quería a sus padres y admiraba a cada uno de ellos en sus valores personales. Ellos le querían, cada cual a su manera. Pero se daba cuenta de que la comunión entre los dos esposos no era la ideal, tal y como él la soñaba y la deseaba. Era la gran sombra que oprimía el corazón de los dos hijos. Cuando murió el hijo, el matrimonio parece que llegó a lo que él deseaba.

Una anécdota insignificante refleja el estilo del matrimonio Frassati-Ametis que, por otra parte, era ejemplar ante la sociedad. En cierta ocasión faltó el sacristán de la parroquia y Pier Giorgio se ofreció al párroco a pasar la bandeja en la iglesia para recoger las limosnas de los fieles que abarrotaban el templo. Cuando el sacerdote le agradecía el servicio prestado, le dijo:

— «¡Es cosa tan sencilla! Cuando esté en la iglesia, llámeme, si me necesita para algo».

— «Y ¿qué dirán en tu casa?», repuso el párroco.

— A lo que el joven respondió: «Mamá estará contenta y papá se echará a reír».

En su futura consorte idealizaba el prototipo de la mujer, ante todo con un criterio cristiano de la vida: una mujer de fe práctica. Deseaba encontrar en ella, además de la belleza natural del cuerpo, un alma limpia y transparente, sencilla y dialogal, capaz de darse a sí misma con delicadeza y sonrisa permanente, con aspiraciones a lo sublime y, por supuesto, una compañera apasionada por la montaña, por las flores y por todo lo bello.

Sobre los hijos, comentaba con un amigo:

«A mis hijos no les dejaré dinero, porque estoy persuadido de que las riquezas, lejos de favorecer la posición social, con sobrada frecuencia no sirven sino para fomentar las pasiones. Me preocuparé de darles una instrucción completa y una educación cristiana, de manera que, si quieren, puedan por sí mismos hacerse una posición social digna y decorosa. Pero, cumplido esto, si tengo dinero, lo emplearé en obras de caridad, pero no lo dejaré a mis hijos».

La joven ideal apareció en la pantalla de su existencia. No tenemos datos precisos de cuándo comenzó en él el secreto idilio que procuró ocultar a todos, especialmente a sus padres.

En la vida estudiantil, en las excursiones, en congresos y en reuniones sociales que organizaba su padre, embajador en Berlín, alternaba con muchachas de su edad y de su condición social. Muchas de ellas le caían simpáticas, y él cayó simpático a muchas más. Parece que fue en 1923 cuando fijó definitivamente sus ojos y su corazón en una joven universitaria, probada por la desventura familiar, de religiosidad sincera y espontánea, de un candor radiante y de simpatía debordada. Sintonizó con ella en su ideal humano y cristiano. Se llamaba Laura Hidalgo, apellido de profunda resonancia española. El mozo quedó prendado de ella. Había surgido el flechazo, aunque no de improviso. Nuestro joven era muy sensato y no tomaba las cosas serias a la ligera. A ella no le manifestó sus propósitos ni formalizó con ella ningún compromiso. Es probable que Laura adivinara el interés y el afecto que Pier Giorgio sentía por su persona, como suelen adivinarlo las chicas. Pero el posible pretendiente nada le dijo de palabra. El joven estudiante de ingeniería anteponía el deber ante todas las cosas, costara lo que costase.

El deber se le presentó en el hecho de la situación familiar. Su hermana iba a casarse con un joven polaco y tenía que fijar su residencia en Polonia. «Tú te marchas y papá y mamá quedan solos. De hoy en adelante yo sólo debo valer por los dos», le confió a Luciana. Su «sueño dorado» de marchar a América como ingeniero se hacía imposible, al menos de momento. Creía un deber permanecer con sus padres. El matrimonio de sus padres tenía sus sombras, y la ausencia de los hijos se presentaba en su mente como un camino de amargura, especialmente para la madre.

Un día se acercó a su hermana y le descubrió el secreto: el amor que sentía por Laura:

«Se me acercó con los ojazos tristes –escribe Luciana– y me habló de su afecto por N. N.; diciéndome: "En Turín hablaré con el Padre Cojazzi". ¡Era conmovedor!; no quería salirse de la línea del deber, que para él no admitía discusión. Lo miré con semblante cejijunto y dije para mis adentros que se necesitaba toda su bondad, toda su rectitud, para proceder de aquella manera. Me añadió que a aquella señorita no sólo no le había dicho una palabra sino que no había hecho siquiera una alusión».

Efectivamente, antes de la decisión de renunciar al afecto que sentía por Laura, consultó con el Padre Cojazzi, su preceptor y guía, con el que tuvo confianza desde niño, el cual resume el diálogo que mantuvieron:

«Vino a verme –dice el Padre– en una de sus estancias en Turín y me lo contó todo en una larga conversación.

«¿Tu mamá conoce estos tus sentimientos? –Nada sabe, hasta ahora. (Entonces Pier Giorgio le manifestó que en alguna ocasión había invitado a Laura a una fiesta en la embajada de Berlín, con otras señoritas de su edad, y luego había preguntado a su madre sobre ellas). –¿Te habló tu mamá de ella cuando la vio? «Sí, me ha hablado, como me habló de otras. Pero he notado que tiene poca simpatía por ella. Pienso que no estaría contenta. Mis padres se opondrían seriamente». –«Así, pues –planteó Don Cojazzi– entre tú y esta joven está por medio el corazón de tus padres.

¿Te sientes con fuerzas para pasar por encima? –«¡No, en absoluto! ¡Jamás!». –«Te advierto, en conciencia, que tienes el derecho de hacerlo, siendo mayor de edad». –«Ya lo sabía. Pero no quiero ejercerlo». –«Entonces no cabe más que la renuncia» concluyó el Padre. Pier Giorgio inclinó la cabeza, con su característico gesto de asentimiento, como diciendo: ¡Obedezco! Y se echó a llorar. «Podría casarme con ella contra la voluntad de mis padres –confiaba a un amigo–, pero destruir un hogar para crear otro nuevo sería un absurdo en el que ni siquiera hay lugar a pensar. Seré yo el sacrificado; si Dios lo quiere así, hágase su voluntad».

La lucha interior fue muy dura, pero bien fundada en la fe. Aquí es donde se manifestó la fortaleza de su creencia cristiana como rectora de la vida. «Sí, querido amigo –escribía–. Este es un momento grave para mí. Dura es la lucha, pero hay que buscar la forma de vencer y encontrar nuestro pequeño camino de Damasco a fin de poder caminar hacia aquella meta a donde deben dirigirse nuestros pasos. Un ligero esfuerzo más y habré conseguido el tan deseado título. Pero, además, hay otro problema mucho más arduo. ¿Lo sabré resolver? ¿Tendré fuerzas suficientes para llegar a ello? Cierto que la fe es la única áncora de salvación y hay que abrazarse estrechamente a ella. ¿Qué sería sin ella nuestra vida? ¡Nada! Más bien se gastaría inútilmente, porque en el mundo no hay sino dolor, y el dolor sin fe es insoportable, al paso que alimentado por la antorcha de la fe se convierte en algo bello que templa el espíritu para la lucha».

Verdaderamente lo estaba pasando muy mal cuando se impuso el deber de renunciar a un amor que había arraigado en él con profundas raíces. Se siente como morir, pero resucita por la fe: «Pienso lo que sería de mí –escribe a otro íntimo– en este momento en que mi alma atraviesa esta crisis, si tuviese la desgracia de no creer. Mi programa es el siguiente: convertir aquella simpatía especial que yo sentía por ella y que no encaminaba al fin a donde debíamos dirigirnos, a la luz de la caridad, en respetuoso lazo de amistad, entendida en sentido cristiano, en respeto a sus virtudes, en la imitación de sus preclaras dotes... Ahí va mi programa, que espero, confiado en la gracia de Dios, llegar a desarrollar, aunque me cueste el sacrificio de la vida. Eso, poco importa».

En medio de esta crisis amarga no pierde la paz ni la alegría. Y proclama su seguridad:

> «En mis luchas interiores me he preguntado muchas veces: ¿Por que tengo que estar triste? ¿Por qué he de sufrir haciendo este sacrificio a regañadientes? ¿Acaso he perdido la fe? No, gracias a Dios, mi fe es todavía bastante sólida. Por tanto, afiancemos, consolidemos, esta alegría, única de que podemos estar satisfechos aquí. Todo sacrificio vale únicamente por ella».

A su hermana, que le preguntaba por carta desde Polonia, si estaba siempre alegre, le contesta:

> «Me preguntas si estoy alegre. ¿Cómo no estarlo mientras la fe me da fuerzas? ¡Siempre alegre! ¡La tristeza debe ser barrida del alma del católico! El dolor no es tristeza, que es la más detestable de todas las enfermedades. Esta enfermedad es casi siempre producto del ateísmo, pero el

fin para el que hemos sido creados nos señala el camino, sembrado, si se quiere, de muchas espinas, pero de ningún modo triste. Es alegre, incluso a través del dolor».

Pier Giorgio supo ser fuerte ante la vida, en medio del dolor. Creyó un deber renunciar, al menos por el momento, con mucho sacrificio al matrimonio. Y lo cumplió, sin perder la alegría. Renunció a su «sueño dorado» de marchar a América para desarrollar allí su labor social y cristiana como ingeniero de minas. Creía un deber para él no abandonar a sus padres. Y no los abandonó. Renunció a ejercer su carrera cuando, a punto de alcanzar el título de ingeniero, acepta la proposición de su padre de entrar en la administración de *La Stampa*, el diario que dirigía el que había sido senador y embajador. Renunció a muchas cosas. Pero a lo que nunca renunció ni hubiera renunciado es a su vocación de hacer el bien al prójimo, especialmente a los pobres: ser apóstol laico. En esto no cedió nunca.

9. El político

El primer principio del ser y del obrar de nuestro protagonista era el amor a Dios y al prójimo. Amar a Dios, amando al prójimo. Luchar para que todos los hombres llegaran a la fraternidad universal, amándose y respetándose unos a otros.

La experiencia de una guerra mundial recién terminada, con todas sus consecuencias que él mismo palpó, sobre todo en la Alemania vencida, y también en Italia, afectaban a lo más profundo de su ser humano y cristiano.

«Cada uno de nosotros sabe –escribía en enero de 1925– que la base fundamental de nuestra religión es la caridad, sin la cual toda nuestra religión se derrumbaría, porque no seremos verdaderamente católicos mientras no cumplamos, o sea, no conformemos toda nuestra vida al doble mandamiento en el que consiste la esencia de la fe católica: en el amor a Dios con todas nuestras fuerzas y en amar al prójimo como a nosotros mismos. Y ahí está la demostración explícita de que la fe católica se basa en el verdadero amor, y no, como quieren muchos para tranquilizar su conciencia, dar como base a la religión de Cristo la violencia».

«Yo espero –había dicho en diciembre de 1924– proseguir en el camino de los ideales católicos y poder un día, en el estado en que Dios quiera, defender y propagar estas únicas y verdaderas cosas». Desde esta perspectiva del amor cristiano se metió en política: para encauzar sus urgencias apostólicas. «Porque el Pier Giorgio que visita como hermano de las Conferencias de San Vicente de Paúl a las familias más pobres en los suburbios de Turín o de Berlín, y el Pier Giorgio que milita en el ala izquierda del Partido Popular Italiano, son la misma persona: una actividad se integra necesariamente en la otra; forman en su conjunto un tejido total de su intervención cristiana en una sociedad enferma», dijo Giorgio La Pira.

Hijo de un senador del Partido Liberal todavía en el poder en el año 1920, le hubiera sido más fácil situarse y destacar en los grupos de su padre. Pero se afilió al Partido Popular Italiano (PPI) porque estaba convencido de que tenía un programa más conforme con la doctrina social de la Iglesia, propuesta, sobre todo, en la Encíclica *Rerum Novarum* del papa León XIII (1891).

Ahora bien, el PPI fue evolucionando, sobre todo a partir de 1922, y pactó una colaboración con el movimiento fascista de Mussolini, aunque una rama del mismo permaneció fiel a los principios fundacionales de Don Luigi Sturzo. En esta «ala izquierda» militó Pier Giorgio que, por cuestión de principios, no podía pactar con el fascismo, como no podía pactar con el marxismo. Un juicio rápido de valor, propio de temperamento juvenil, sobre el movimiento fascista, que entonces estaba todavía en los principios, aunque apuntaba sus maneras violentas y dictatoriales, lo hace Frassati en los siguientes términos:

«Yo me explico ahora –estamos en 1922– las violencias que desgraciadamente han cometido los comunistas en algún país. Al menos, aquellos tenían un ideal: el de elevar la clase trabajadora, tratada durante tantos años por gente sin conciencia. Pero los fascistas ¿qué ideal tienen? El vil dinero, pagado por los industriales y también, vergonzosamente, por nuestro gobierno, no obrando sino bajo el impulso de la moneda y de la deshonestidad».

El pacto de un amplio sector del PPI con el fascismo lo desanimó y encoraginó más a la lucha por la reforma de las estructuras sociales. En diciembre de 1922, escribía desde Berlín: «He leído por encima el discurso de Mussolini y toda la sangre me hervía por las venas. Créeme, me ha desilusionado el comportamiento de los «populares». ¿Dónde está el hermoso programa? ¿Dónde la fe que anima a nuestros hombres? Cuando se trata de conseguir honores o mando, los hombres aniquilan su propia conciencia».

Es coherente con su convicción cristiana, incluso contra la ideología de su padre. Cierto que el Director de *La Stampa* era respetuoso con las ideas religiosas y políticas de su hijo. Pero un día se entera de que Pier Giorgio es propagandista y vendedor ambulante de *Il Momento*, diario católico en línea opuesta a la ideología de *La Stampa*. Y el senador se dirige al hijo, medio en serio, medio en broma: «Giorgetto, he sabido que eres propagandista de *Il Momento*... Eso quiere decir que, cuando tengas hambre, irás a comer a *Il Momento*». La cosa no pasó de ahí, aunque el hijo siguió difundiendo el diario que exponía y defendía su doctrina.

Su ideal cristiano era trabajar en favor de los pobres, de las clases humildes de los trabajadores, víctimas muchas veces de injusticias sociales y laborales. Sabía que no todos los que tenían el carnet del PPI estaban convencidos del cristianismo. Por eso, como reacción de sinceridad, se comprometió con el «ala izquierda» del Partido, porque estaba más en conformidad con la doctrina social de la Iglesia. Para él la lucha política era el modo de ser coherente con su fe. Seríamos muy prolijos si nos empeñáramos en reseñar sus actividades en reuniones, congresos, juntas del Partido, tanto en su ciudad natal como en otras ciudades del norte y mediodía de Italia.

La lucha política, encarnizada durante los tres últimos años de su vida se polarizó en la fidelidad a los principios fundacionales del PPI y en el enfrentamiento con el fascismo. No podía transigir con la ideología que conculcaba los derechos humanos de nadie, en especial de los pobres. Llegó a pelear en luchas callejeras, de las que no siempre salió bien parado. Por ello fue llevado varias veces a las comisarías de policía. Para él era una urgencia evangélica.

Tenía una convicción básica: que la paz no puede lograrse sin la justicia y, por encima de la estricta justicia, el amor cristiano. En una carta escrita a los jóvenes católicos alemanes con motivo de la invasión por los franceses del territorio del Rhur, se expresaba así:

«No tenemos la posibilidad de cambiar la triste situación, pero sentimos en nosotros la entera fuerza de nuestro amor cristiano, que nos hermana sobre los confines de todas las naciones. Los gobiernos que hoy desconocen el aviso del papa: «Que la verdadera paz es más fruto del amor cristiano al prójimo, que de la justicia, y están preparando para el futuro nuevas guerras para toda la humanidad».

Por lo que se refiere a Italia, puso toda su esperanza de reforma social en el PPL. Pero el Partido le defraudó. Incluso dentro del «ala izquierda» hubo muchas defecciones, mucha hipocresía. El movimiento fascista iba imponiéndose. La represiones violentas se multiplicaban por todas partes. Las defecciones e intransigencias acabaron por ahogar su acción política y se limitó sólo a obras estrictamente religiosas de carácter asistencial y caritativo.

Quedaban un reducido grupo de jóvenes, insobornables, como él. Habían fallado personas en las que había puesto su esperanza. Don Luigi Sturzo salía para su destierro en Londres, el 16 de octubre de 1924. El PPI quedaba decapitado y sin la presencia de su fundador en Italia. Pier Giorgio se mantuvo fiel a su ideal. Decía a un amigo: «Hemos de mantener la posibilidad de que, al menos un grupo reducido de católicos, puedan tener la cabeza bien alta y demostrar que no todos han sido traidores».

Estaba muy afectado por el rumbo que iba tomando la vida fascista en Italia: asesinatos, destierros, asaltos a empresas y domicilios particulares, como el de sus padres. Sobre este último, le escribe a su amigo Villani: «¡Puercos fascistas! Ha sido una empresa de villanos, nada más. Son gente sin pudor. Después de los hechos de Roma (asesinato de Matteoti, 10, junio, 1924) no deberían dejarse ver y avergonzarse de ser fascistas; por el contrario, continúan dando pruebas de lo que han sido y serán».

En octubre de 1923 Mussolini fue de visita a Turín. En el Círculo «Cesare Balbo» pusieron la bandera del centro como homenaje al ilustre visitante. Pier Giorgio se indignó y quitó la bandera, presentando al presidente la dimisión de sus cargos, con la nota siguiente: «Estoy verdaderamente indignado porque habéis expuesto la bandera que he portado, aunque indigno, en los cortejos religiosos, y la habéis expuesto en el balcón para rendir homenaje a quien destruye las obras piadosas y que no frena a los fascistas y deja matar a los ministros de Dios, como Don Minzoni...».

Está cada vez más convencido de que el fascismo es un flagelo para Italia. «Porque nosotros siempre hemos luchado contra ese flagelo de Italia». Por eso, cuando los estudiantes de signo democrático promovieron la formación de la Alianza Universitaria Antifascista, nuestro joven luchador se adhirió a ella, en representación de los estudiantes «populares».

Un amigo íntimo, Vittorio Chauvelot, hace de nuestro biografiado la siguiente radiografía política y humana:

«¿Quién era Pier Giorgio Frassati? Era un HOMBRE. Un hombre maduro que llevaba la recia coraza de la fe y no temía a los enemigos. Un hombre que no había sentido la contaminación de los tiempos. Un hombre ingenuo, en el sentido etimológico de la palabra, es decir, que siempre está al lado de la verdad. Un hombre recto, todo de una pieza, de aquellos que la sociedad estima desagradables, o quizá maleducados, verdaderamente extraños a su tiempo, porque nunca han cambiado el cáliz de la Hostia consagrada por la copa del placer. Un hombre de aquellos no destinados a hacer carrera, si para llegar a terminarla tienen que arrodillarse, adaptarse, ser «prudente», temporizador, diplomático. Su diplomacia tenía una sola credencial: la verdad. Por lo tanto, era irritante. Era un hombre irritante para toda aquella masa gelatinosa de cristianos perfumados que piensan que, al fin y al cabo, el diablo, decentemente vestido, puede entrar en sociedad. Este hombre, Pier Giorgio, no había tenido jamás algunas líneas de comunicación, ni subterránea ni secreta, entre la luz y las tinieblas. Y todo esto lo había aprendido del Evangelio».

10. Ángel de la caridad

Desde muy pequeño el sentido de la caridad había sido cultivado en el corazón de «Dodo» con delicadeza. Siendo niño llegó a su casa un pobre hambriento. Lo recibió su padre, el cual, notando en el harapiento síntomas de haber bebido, lo despidió de vacío. El niño lo vio y, llorando, fue a buscar a su madre y le dijo: «Mamá, había un pobre que tenía hambre y papá no le ha dado de comer». La madre le dijo: «Corre a la calle, hazlo subir y le daremos de comer». Corrió el niño, alcanzó al hambriento, lo llevó a su casa y le dieron de comer. Él se sentía feliz.

Cuando iba a visitar a su abuela materna, esta le daba algunas liras, que el nieto, de vuelta a casa, iba repartiendo por el camino a los pobres. Una madre de familia que había servido en casa de los Frassati recordaba que una vez, en vísperas de Navidad, el pequeño dio a su mamá cincuenta liras, «diciéndole que me las diera para comprar alguna cosa a mis hijos». Era el primer aguinaldo de alguna importancia que la abuela materna le dio al nieto para que lo ingresara en su libreta de ahorros. Él, sin que nadie se lo dijera, prefirió darlo a la sirvienta para sus hijos. Ya adolescente, recogía sellos de correo y colecciones de billetes de tranvía para sacar algunas liras y mandarlas a los misioneros. «Con esta miseria —decía— es posible a los misioneros salvar algunas almas de pequeños nativos».

Aunque en casa no pasaba necesidades, llevaba una vida austera, sencilla, sin lujos superfluos. Su padre comentaba con un amigo: «Mire usted, si yo un día llego a casa y le digo: Giorgetto, hemos caído en la más honda miseria;

toma una maleta y vamos a vivir en una buhardilla... Estoy certísimo de que su mirada no se alteraría, ni pediría explicaciones. Diría, con su entonada voz varonil y cariñosa al mismo tiempo: ¡A tus órdenes. Vamos, papá!

Un día Don Alfredo le describía el encanto de una casa de montaña que había comprado pensando en él; las reformas que había hecho en ella, para acomodarla y embellecerla. Pier Giorgio, que agradecía entusiasmado el detalle de una modesta pitillera, escuchaba como si estuviese ausente. La madre y la hermana le hacían señas... y apenas lograron que dijese un forzado: «¡Gracias, papá!». Lo mismo sucedía cuando hablaban en casa de testamentos, de negocios, de la herencia, que habían adquirido de un tío, de repartición de bienes. En él todo parecía resbalar. Estaba pensando en los pobres. Frecuentemente llegaba a casa desde el Politécnico a pie, porque el dinero para el billete del tranvía lo había dado en limosna. La madre le reñía por la tardanza. Él callaba la razón de su demora y sonreía, prometiendo que la próxima vez sería más puntual. Aunque la madre sospechaba el motivo.

Los amigos que lo conocieron, cuando se les pidió que manifestaran las virtudes que habían advertido en él, al preguntarles por la caridad, todos coincidían: «¡Pero si todo él era caridad!».

Un cauce institucional para ejercer la caridad lo encontró en las Conferencias de San Vicente de Paúl. A ellas se afilió en 1918, cuando tenía 17 años. Cada semana dedicaba un día, ordinariamente los viernes, acompañando a otro miembro más veterano, a hacer las visitas a las familias pobres, escuchando sus necesidades. Después, en la reunión que semanalmente tenían los socios, ponían en común las miserias y urgencias de las que habían sido testigos, esperando sugerencias, o algo más que sugerencias, para remediarlas.

Cuando en el año final de su carrera, en 1925, andaba muy alcanzado de tiempo para preparar los exámenes finales, escribió a un amigo:

«Días atrás, hojeando el calendario me he dado cuenta de algo muy terrible y he dicho para mis adentros: hora es ya de que intensifique el estudio. Desde este momento decido que, apenas llegue a Turín, me haré cuenta de que he muerto para todo, menos para las Conferencias de San Vicente de Paúl, y estudiaré desde la mañana hasta la noche».

La caridad que ejercía a través de las Conferencias estaba sobre el estudio. Era la ocupación y preocupación suprema. Cuando se trataba de recoger dinero para los pobres, lo mismo visitaba casas de personas pudientes, como recorría la cola de gente que estaba en las puertas de las salas de espectáculos, alargando la mano para recoger unas liras. Muchos casos concretos de ejercer la caridad de nuestro protagonista han quedado registrados en su biografía. Expongamos algunos.

Un padre con cinco hijos, ciego de la guerra, era protegido de las Conferencias, por cuyas gestiones había logrado, con gran dificultad, una módica pensión de mutilado de guerra. Tenía que trasladarse de domicilio, pero no tenía medios para pagar el transporte. Pier Giorgio, con un compañero, lo organizó todo pidiendo un carro de mano, junto el cual atravesó buena parte de la ciudad. El compañero, que iba tirando de las barras, recuerda que Frassati empujaba el carro por detrás con una mano, y con la otra llevaba la hilera de los cinco hermanos.

Otro caso referido a un amigo:

«Un viernes por la tarde lo acompañaba en sus habituales visitas a los pobres. Como lloviznaba, nos metimos apretujados en la plataforma de un tranvía, abarrotado de gente. ¿Qué llevas ahí?, le dije, señalando el bolsillo izquierdo del abrigo, que hacía mucho bulto... Sonrió, metió la mano en el bolsillo y levantó, poco a poco, para que lo viese yo sólo, la punta de una zapatilla hermosa y luciente, con su plaquita dorada. ¿No te acuerdas —me dijo— que el hijo de N. N. quiere ir al oratorio salesiano y la madre no lo manda porque está descalzo? Cuando bajamos del tranvía y llegamos a la vivienda de aquella familia, la madre, una pobre recién enviudada, había salido, y el rapazuelo que mecía la cuna de un hermanito suyo, abrió unos ojos enormes al ver las zapatillas. No pudo hablar ni para dar las gracias. Frassati lo comprendió y le dijo: Ahora debes ir al oratorio todos los domingos, mañana y tarde. Ya tienes los zapatitos; he dado tu nombre y apellido: te conocen y te esperan. Dejamos los bonos de pan y de leche sobre una mesa, encargamos saludos para la madre ausente, y nos fuimos».

Otro día se trataba de un infeliz padre de familia, enfermo de corazón, que no podía trabajar en faenas pesadas. Se presentó el caso en una reunión de las Conferencias y

Pier Giorgio sugirió la idea de que se le facilitase un medio de ganarse el pan sin demasiada fatiga, comprándole un carrito de vender helados. El precio del carrito oscilaba alrededor de quinientas liras. La asamblea rechazó la propuesta, porque la caja estaba vacía y con un déficit de ciento cincuenta liras, anticipadas por un socio. Frassati defendía tenazmente su propuesta, mientras la asamblea insistía en la negativa. Entonces le hizo disimuladamente una seña al cajero para que anunciase una oferta de quinientas liras, con lo cual cesó la discusión y se aprobó la propuesta. Nadie supo en aquel momento el origen de esta oferta, pero todos sospecharon que era de la familia de Pier Giorgio.

A veces, aun sabiendo que le iban a engañar, no dejaba de cumplir sus propósitos de socorrer a los necesitados. Así, por ejemplo, acudió a él un estudiante del Politécnico y le dijo muy serio y acongojado: «Si no pago la pensión y otras cosas que debo, tendré que dejar los estudios. No tengo ni una lira». Pier Giorgio le prestó mil liras, que jamás recuperó. A los pocos días, vio a aquel joven bien vestido y en alegre compañía. Su comentario irónico fue: «Mira, mira —dijo a un compañero—: por allá se pasea mi billete de mil liras.»

Otro timo. Un día llegó su madre a Turín desde Pollone, en el verano de 1922, cuando el hijo permanecía en la ciudad estudiando. Apenas le dio un beso, le dijo: «Mamá, ha venido una pobre señora viuda, con el hijo en el hospital, y sin ayuda de ninguna clase. Daba pena verla con el vestido de invierno. Me ha pedido un préstamo de 700 liras. Yo le he dado 400, todo lo que tenía, pensando que llegarías tú y le darías el resto. Así se lo prometí». «Pero, ¿cómo —replicó la madre–: así, sin pedir informes, sin comprobar que decía la verdad?». «Pero, mamá, es pariente de la familia N. N.., aunque no quiere que sepan su situación, porque la han tratado mal; la han olvidado». Resultado: que de las 400 liras nunca más se supo. Y la mujer viuda no volvió por el resto del préstamo.

Se le veía a veces cargado de paquetes que contenían objetos de algún valor, que la gente pobre había empeñado en el Monte de Piedad. El pedía los bonos del empeño, rescataba los objetos y los entregaba personalmente a sus dueños. De ordinario, el dinero para el rescate eran ahorros suyos, o de los sablazos que propinaba a su madre, o el producto de la venta de libros inútiles y de periódicos viejos. Su madre confesó que nunca le negó lo que le pedía para socorrer a los pobres.

Contaba con gran número de pobres a través de las Conferencias, pero tenía otros, descubiertos por él mismo, a los que llamaba «mis conquistas». Recogía y compraba medicinas para los enfermos pobres e iba por las buhardillas a llevárselas personalmente, sin respeto humano, sin miedo a la miseria ni al posible contagio.

Mientras su padre estuvo de embajador en Berlín, pasaba Pier Giorgio largas temporadas en la capital de Alemania, en donde cooperaba en las obras benéficas y asistenciales que dirigía el San Francisco de Berlín, Padre Carlos Sonnenschein, el cual, cuando se enteró de su muerte, escribió en un periódico: «Lo recordamos fervoroso católico y joven de puras costumbres. Muchas veces nos acompañó en nuestras visitas a los hospitales y a las viviendas de los pobres». Mientras estaba en Berlín solía encargar con frecuencia a la mujer del guardia de la embajada: «Prepárame un paquete. Tengo que llevarlo a un pobre enfermo». O, «prepárame unos paquetitos». El guardia comentaba socarronamente: «¡Sí, tres o cuatro panecillos para el señorito!». El «señorito», sonriendo, puntualizaba: «¡No, panecillos, no; sino mucho pan para los pobres, que están muy hambrientos! Y, además, me vas a dar dos botellas de buen vino».

El testimonio de Luciana sobre la vida que hacia su hermano en Berlín es elocuente y veraz:

> «A mí me disgustaba no tenerlo nunca como compañero de diversiones que, después de la atmósfera gris de Turín, me parecían la antesala del paraíso. Me desagradaba que él no sólo no participara de mi vida alegre, sino que buscase por todos los medios aislarse. No llegaba a entender, porque me era del todo extraña, su conducta en favor de los necesitados y del catolicismo militante. Yo desconocía las frecuentes reuniones, las visitas a los pobres y su caridad, dirigida entonces en particular a la masa de personas venidas a menos por culpa de la guerra, que había empobrecido a mucha gente por la devaluación del marco. Cuanto mi hermano podía ahorrar o recoger de la mesa de la hospedería de la embajada lo repartía entre sus protegidos. Iba de una casucha a otra. Volvía de paso a casa, tomaba un café y escapaba a un hospital. Volvía por la noche cansado, pero satisfecho».

Muchas veces los favorecidos le decían: «No podemos hacer nada por usted». «¡Oh, sí, mucho! —respondía—: Pueden rezar por mí». Con eso se sentía suficientemente pagado.

Su desprendimiento en favor de los pobres fue total y hasta heroico. La prueba más patente de este desprendimiento la tenemos en el testimonio de un amigo que cuenta una confidencia que le hizo:

«Cierto día –escribe este amigo– me pidió consejo sobre una decisión. Su padre le había ofrecido anticiparle el regalo por la obtención del título: un automóvil nuevo, o su precio equivalente en metálico. No acababa de decidirse. Me dijo, sin embargo, que se inclinaba por el dinero, pues de ese modo podría utilizarlo en beneficio de los pobres».

Es la prueba de fuego para la caridad de un joven de 24 años: ante un automóvil nuevo se inclina a canjearlo por dinero para darlo a los pobres.

¡¡Definitivo!!

Su caridad se proyectaba también entre sus compañeros, dándoles buenos consejos, avisándoles de los peligros de la vida estudiantil. Los arrastraba a la montaña, los invitaba a ir a la iglesia, a visitar a los pobres en su compañía, a rezar el Rosario, a hacer siempre el bien. Verdaderamente era el Ángel de la caridad.

11. LAICO DOMINICO

La Familia Dominicana es como un árbol que, sobre el tronco de santo Domingo de Guzmán, fundador y Padre, está integrado por cuatro ramas: los frailes, las monjas contemplativas, las hermanas religiosas no claustrales y las fraternidades tanto sacerdotales, por un lado, como en fraternidades laicales, por otro lado; comprometidos todos a vivir el carisma dominicano, cada grupo según su estatuto particular. Todas las ramas tienen un mismo carisma, definido por santo Tomás de Aquino: «Compartir con los demás lo que se ha contemplado». El dominico contempla en voz alta. Todo dominico y, por tanto, también el laico: soltero, casado, viudo, varón o mujer, es un pregonero de su propia contemplación, que alimenta en la oración y en el estudio, que empujan irresistiblemente a la predicación. El dominico, religioso o laico, varón o mujer, siente urgencia de comunicar a su prójimo las experiencias personales que ha tenido de Dios.

En la época contemporánea ha habido un grupo numeroso de dominicos que, sin ser religiosos, han seguido el camino del Evangelio según el modelo de Domingo de Guzmán y han sido famosos en el mundo entero. En Italia, la patria de nuestro protagonista, y no citando más que figuras de varones, recordamos los siguientes:

- Benedicto xv, papa (1914-1922).
- Pío xii, papa (1939-1958).
- beato Bartolomé Longo (1841-1926).
- Guido Negri, el capitán santo (1888-1916).
- Don Giacomo Alberione, fundador de la Familia Paulina (1884-1971).
- Giovanni Acquaderni, fundador de la Acción Católica (1839-1922).
- Don Luigi Sturzo, fundador del PPI (1871-1959).

- Giorgio La Pira, senador y alcalde de Florencia (1904-1971).
- Igino Giordani, escritor y apologista (1894-1980).
- Aldo Moro, destacado político de la Democracia Cristiana (1916-1978).

Pier Giorgio Frassati, nuestro biografiado (1901-1925).

La figura señera de los dominicos laicos fue y es santa Catalina de Siena, Doctora de la Iglesia. En tierras americanas ha brillado con esplendor especial la laica dominica santa Rosa de Lima.

Pier Giorgio Frassati comienza a interesarse por el carisma dominicano en el año de su ingreso en el Politécnico. Era tierra buena y abonada para que germinara en él la semilla dominicana, arropada con el ideal de la santa de Siena y el ejemplo del dominico Jerónimo Savonarola, el «profeta de Florencia». Carácter decidido, hombre de oración, con ansias de profundizar en la doctrina de la fe y con hambre de conquistar almas para Cristo, sentía urgencia de comunicar a los demás. Un espíritu enamorado de la verdad, apasionado de la verdad, transparentando siempre verdad: la Verdad lo hizo libre. Su vocación dominicana no fue un relámpago fugaz que cayó sobre su espíritu juvenil y le hizo tomar una decisión pasajera.

El año 1918 comienza su itinerario dominicano. Desde entonces frecuenta la iglesia y el convento de los Dominicos de Turín. El Padre Filippo Robotti, dominico, asesor religioso del Círculo «Cesare Balbo», integrado por jóvenes universitarios católicos, lo fue preparando poco a poco. Le habló de la Familia Dominicana, le facilitaba libros sobre la historia de la Orden y sobre sus figuras, que Frassati devoraba con avidez. Por último, le entregó la Regla de los dominicos laicos que forman parte de la Familia Dominicana. El meditó y ponderó mucho su decisión, y en el año 1922 se decidió a ingresar en la Fraternidad Laical de la Orden de Predicadores.

Era el año de la conmemoración del VII centenario de la muerte de santo Domingo. Comenzó el año de iniciación (o «noviciado») en mayo de 1922. Fue testigo cualificado de la ceremonia el que pocos años más tarde sería Maestro General de la Orden, el francés Padre Martín Estanislao Gillet, el cual, siendo ya Maestro General, recordaba las impresiones que recibió aquel día:

«Pier Giorgio pertenecía a aquella selecta falange de jóvenes que se hallan hoy, en mayor o menor número, en los centros universitarios, los cuales, junto con la nostalgia de lo sobrenatural, poseen verdadero temperamento de apóstol. La religión se les ofrecía como doctrina de vida, luz y fuerza conjuntamente que debe iluminar y fecundar toda actividad humana. Todos jóvenes simpáticos pero, sobre todos, uno me impresionó por su atractivo especial: la cabeza erguida, la mirada limpia, con aspecto de ser líder. De su presencia emanaba una fuerza de atracción, llena de dulzura. Se llamaba Pier Giorgio Frassati».

Al cabo de un año, en mayo de 1923, pronunció su compromiso («profesión») como laico dominico. Era prior del convento el Padre Francesco Robotti, hermano del Padre

Filippo. En calidad de prior recibió oficialmente la promesa del nuevo miembro de la Familia. Y escribió: «Recuerdo que, terminada la ceremonia, me sorprendió, al darle el abrazo ritual: tenía la cara surcada de lágrimas. Pier Giorgio estaba emocionado aquel día».

Un testigo presencial, el Padre Mario Desiderio, constata: «Me impresionó la compostura, seriedad y devoción de un joven alto, robusto, elegantemente vestido, que tomó el nombre de fray Jerónimo. Recuerdo también la alegría de aquel joven: le salía por los poros. Recuerdo el alboroto que se armó en la sacristía con los compañeros, terminada la ceremonia: Parecía que se caían la sacristía, la iglesia, el convento».

Nuestro joven dominico, al emitir su profesión, tomó el nombre de fray Jerónimo, en recuerdo del dominico Savonarola, el fraile de Ferrara quemado vivo en la Piazza de la Signoria de Florencia, por predicar apocalípticamente contra las lacras de la sociedad y de la Iglesia de su tiempo. En esta figura veía Pier Giorgio el modelo al que quería imitar desde su temperamento luchador por la verdad. Los padres de la comunidad buscaban la manera de disuadirle insistiendo en que era costumbre elegir el nombre de un santo o beato de la Orden. Pero él, insistiendo, logró llamarse fray Jerónimo.

La razón de esta elección la da él mismo en una carta a su íntimo amigo Antonio Villani. La carta es todo un programa.

«Pollone, 31 de agosto, 1923.

Carísimo:

Estoy contentísimo de que quieras formar parte de la gran Familia de Santo Domingo, en la que, como dice Dante, "bien se enriquece quien no se envanece". Las obligaciones son pequeñas; de lo contrario podías pensar que yo no podría pertenecer a una Orden que exigiera demasiado.

Cuando el santo fundó su "Tercera Orden", la instituyó como una milicia para combatir contra los herejes, y entonces tenía reglas muy severas, siguiendo casi la Regla de la primera Orden. Pero ahora ha sido transformada y no quedan rasgos de severas obligaciones. Se exige rezar cada día el Oficio dominicano de la Virgen, o el Rosario, pero aun esto sin cometer ningún pecado mortal, aunque deliberadamente tú un día, o varios, los dejases de rezar.

Espero que hagas la vestición en el magnífico templo de Turín, y entonces estaré junto a ti para darte el abrazo fraterno, porque tú, ligado ya a mí por los lazos de la Sangre de nuestro Señor Jesucristo, lo serás doblemente por tener en común conmigo al Padre santo Domingo.

Me gustaría mucho que tomases el nombre de fray Jerónimo, no porque es el nombre que yo tengo como hijo de santo Domingo, sino porque me recuerda a una figura muy grata para mí y, ciertamente también para ti, que tienes, como yo, los mismos sentimientos contra las costumbres corrompidas: la figura de Jerónimo Savonarola, del cual yo indignamente llevo el nombre. Admirador ferviente de este fraile, muerto como santo en el patíbulo, al hacerme

"Terciario" he querido tomarlo como modelo, aunque, por otra parte, estoy muy lejos de imitarlo.

Recuerdos a los tuyos y mil cosas en Jesucristo.

Fray Jerónimo».

La figura de Savonarola le había cautivado desde el principio de su vocación dominicana. Quería imitarlo. Porque fue Savonarola un batallador intrépido, sin pelos en la lengua; intransigente en los principios religiosos y morales, coherente con su pensamiento hasta la muerte. El joven Frassati sintonizaba plenamente con este símbolo de integridad que fue Savonarola.

El nuevo fray Jerónimo fue un propagandista ardoroso del carisma dominicano entre los estudiantes del Politécnico y entre sus compañeros, jóvenes y mayores, de sus empresas caritativas o deportivas. Escribía a un amigo: «Te aseguro que he logrado se interesasen por los problemas religiosos más de cuatro jóvenes alejados de ellos toda su vida, con sólo buscar la ocasión de hablarles de nuestra Orden».

Admiraba la figura fogosa y deslumbrante de santa Catalina de Siena, de la que conocía sus obras y su vida. En su mesita de noche, junto al libro del Oficio parvo de Virgen abierto, en los momentos de su agonía estaba la *Vida de santa Catalina* de Joergensen.

Sus lecturas preferidas eran, aparte de los Evangelios, las Cartas de san Pablo, las *Confesiones* de san Agustín, las obras de Savoranola y algún opúsculo de santo Tomás, esperando que en el Año Santo (1925) al terminar los estudios, podría encontrar tiempo y una buena traducción para estudiar la *Suma Teológica* de Santo Tomás de Aquino.

Desde que ingresó en la Fraternidad Laical dominicana era asiduo a las reuniones reglamentarias que se tenían y, cuando no podía asistir por obligaciones mayores, lo hacía saber al Padre Director. Cada día cumplía con las obligaciones señaladas en la Regla para los miembros de la Fraternidad, además de la comunión diaria y de la confesión frecuente. Todos los días rezaba el Oficio de la Virgen y, además, el Rosario. No una cosa u otra, como dice la Regla. Sino las dos.

Un día viajaba en el tranvía. Se le acercó un joven conocido y le preguntó:

— «Hola, Pier Giorgio. ¿Qué lees?».

— «Estoy rezando el Oficio», le respondió.

Caminaba por las calles de Turín rezando el Rosario. Cada vez que pasaba por delante de una iglesia se quitaba el sombrero, si lo llevaba, y se persignaba con la señal de la cruz, amplia y pausadamente. No tenía respetos humanos, aun cuando le mirara la gente.

Fray Jerónimo Frassati fue un dominico auténtico desde su compromiso laical. El Padre Martín Estanislao Gillet, Maestro General de la Orden, lo describió así:

«Pier Giorgio Frassati sólo tuvo tiempo de ser estudiante, pero se presentía en él al hombre que sería después: no precisamente un intelectual, esto es, un hombre capaz de meter toda su vida al servicio de su pensamiento, sino más bien un hombre de acción decidido a meter todo su pensamiento al servicio de la vida.

Por «acción» este joven entendía «obrar cristianamente» y extendía su campo tanto a la vida interior como a las obras externas. Obrar era para él, sobre todo, vivir: por tanto, pensar, sentir, amar, prodigarse con todos los recursos e impulsos de la naturaleza y de la gracia... El centro de la acción era en él estar de corazón en el Corazón de Dios, que es Amor, cuya presencia le embriagaba... En toda su vida de estudiante universitario fue un joven piadoso. Pero su piedad no apagó nunca la llama de su mirada: no le oscureció la frente, no ahogó la sonrisa de su rostro. Al contrario, el gozo refulgía en él... En la Iglesia le atraían, sobre todo, las almas, especialmente las de los pobres. A los menesterosos daba lo poco que poseía; a los privados de afecto daba el corazón; a los desgraciados que ignoraban del todo a Dios y vivían en la soledad espiritual, daba el ejemplo del justo que vive su fe, y los acercaba a Dios para que los saciase».

En los dos últimos años de su vida terrena maduró su personalidad, que encarnó espléndidamente el carisma dominicano: proclamar en voz alta y con su conducta las experiencias que tenía de Dios. Siempre llevaba en el pecho el escapulario de la Orden, debajo de la bien planchada camisa. Cuando murió, después de amortajarlo, su madre se lo puso como a él le gustaba llevarlo, como distintivo de la Familia Dominicana.

12. La «fuente y cima»

La vida cristiana de nuestro joven alpinista llega a la madurez impulsada desde una profunda convicción. Por su condición temperamental, basada en la sinceridad y en la tenacidad, tomó en serio la religión con todas sus consecuencias, sin fingimientos ni posturas falsas, sin respetos humanos, sin temores ni angustias ante posibles castigos, temporales o eternos. Limpiamente, con alegría, con espíritu de comunión, con ímpetu juvenil, con ansias de conquista.

En un autorretrato, pocos meses antes de su muerte (27 de febrero de 1925) define su estado religioso de ánimo:

> «Mi vida es monótona, pero cada día que pasa comprendo mejor lo grande que es la gracia de ser católico. ¡Pobres desgraciados los que no tienen fe! Vivir sin fe, sin un patrimonio que defender; sin sostener en lucha frecuente la verdad, no es vivir sino «vivaquear». Nosotros no hemos de «vivaquear», sino vivir, ya que, a través de todas las desilusiones, hemos de recordar que somos los únicos que nos hallamos en posesión de la Verdad: tenemos una fe que sostener, una esperanza para conseguir nuestra patria. Por eso echo de mí toda melancolía, que sólo puede darse cuando se pierde la fe. En esta santa Cuaresma, ¡arriba el corazón! y siempre adelante, por el triunfo del reinado de Jesucristo en la sociedad».

Era muy sincero, muy natural, siempre optimista y alegre en sus prácticas religiosas. Para él todo era práctica religiosa, porque la fe empapaba toda su vida. No fue nunca la figura del santurrón de cuello torcido, huidizo y recoleto, cargado de prácticas piadosas, con los ojos y sentimientos cerrados a las bellezas de la creación o del arte. No era un joven triste y angustiado, que no ve en el mundo sino maldad moral. Era la alegría personificada, la sonrisa comunicativa, bulliciosa, clara y abundante.

Tres prácticas religiosas constituían el principio y fundamento de su vida cristiana: la Eucaristía, la Virgen María y la confesión frecuente. Su conducta práctica, sobre todo en la caridad, era consecuencia de estas bases. Con naturalidad, sin tensiones, sin mentiras.

Un amigo lo definía así:

> «Pier Giorgio no ha realizado nada extraordinario o, por mejor decir, ha llevado a cabo la más extraordinario que se puede realizar: se ha acercado a la vida siguiendo el camino que Dios le trazó. Nada de heroísmos aparentes, aun afrontando sin miedo alguno, material o moral, las varias contingencias en que la vida algunas veces lo puso. Nada de cilicios ni privaciones exageradas, ni de falso pudor en la mirada, limpia y serena, siempre presto a dar, a ayudar y a sostener: el sacrificio continuo, sistemático».

Ya hemos dicho que desde la adolescencia comulgaba todos los días. Su ingreso en el *Istituto Sociale* de los Padres Jesuitas fue providencial y oportuno para la maduración de su fe. El director espiritual del Centro descubrió pronto sus valores humanos y cristianos. Su condición de sinceridad fue asimilando la doctrina cristiana y llegó a la convicción operante de que el misterio eucarístico es la «fuente y cima» de toda la vida cristiana. Coherente con esta convicción, la llevó a la práctica durante toda su vida. La Eucaristía fue el alimento diario de su fe. Para recibirla, a veces hacia sacrificios que le costaban.

Cuenta el hijo del jardinero de su casa:

«Cuando en setiembre de 1923 me acompañó al Congreso Eucarístico de Génova, recuerdo que salí de Turín con los bolsillos llenos de turroncillos y caramelos. Durante la noche, como todos, comí hasta después de las doce. Grande fue mi vergüenza a la mañana siguiente, al ver que él y un amigo suyo iban a comulgar, y yo, que era el abanderado, tuve que privarme de hacerlo. Me desazoné de tal manera que se lo conté y él, para consolarme, me dijo: Otra vez lo harás».

La comunión diaria no era para él un hábito rutinario sino una fuente de agua viva que saciaba su sed. El coadjutor de su parroquia dijo:

«Mientras estudió en la universidad lo vi todas las mañanas en la iglesia. Su puesto fijo era aquel donde fue colocada la lápida conmemorativa. Allí, en aquellos bancos lo vi orar con la cabeza baja. De allí venía a la sacristía dos o tres veces por semana y rogaba al sacerdote que se hallaba en ella tuviese la bondad, como él decía, de confesarle. No hay que decir con qué fervor comulgaba todos los días».

Los días de clase disponía sólo de un cuarto de hora para ir a comulgar, tiempo que robaba al sueño. Los domingos y festivos asistía a la celebración eucarística sin prisas, y gozaba cuando faltaban los monaguillos, porque entonces se ofrecía para servir en la mesa del altar.

«Notaba yo —testifica el párroco— algo particular en la plegaria cuando le veía ayudar a misa, sencillo, como era en todos sus actos. Su voz invitaba a reflexionar. En sus respuestas claras y en voz alta se notaba que no sólo respondía, antes bien, seguía el sentido y lo meditaba y, lo que es más, yo escuchaba en su voz una invitación a imitarle, a concentrar mi atención en aquellas pocas palabras aprendidas de niño, tantas veces repetidas, para comprender mejor toda su hermosura».

Otro sacerdote añade:

«Espectáculo agradable verlo entrar con sus compañeros a primeras horas de la mañana del domingo en la iglesia de San Segundo, con botas herradas, esquíes y piqueta en las manos y la mochila a la espalda. Se dirigía con paso ruidoso a la sacristía, dejaba a un lado su equipaje y prestaba servicio en el altar».

Por nada del mundo dejaba la misa dominical, incluso cuando tenía que renunciar por ello a una de sus excursiones. A este propósito le decía a un amigo:

«N. N. me había propuesto salir para la Bessanese junto con otros amigos, pero había que perder la misa. Yo me adherí al principio, pero el sólo pensamiento de que se resentía un deber y el de mi coherencia, yo, que tantas veces he sostenido lo contrario a esa tesis, buena en sí de N. N., me creí en la obligación de renunciar».

Digna de recordar es la anécdota que cuenta una señorita desconocida hasta entonces por Pier Giorgio, aficionada al montañismo, como él. El colorido de detalles es encantador.

«Nos habíamos comprometido –dice– una prima mía y yo a encontrarnos en la estación de Porta Nuova el 8 de junio de 1924 a las seis y cuarto de la mañana para salir de excursión. Como sabíamos que no podíamos oír misa en la parroquia a tal hora, por ser demasiado temprano, nos fuimos a la iglesia de la Visitación, a oír la de cinco y cuarto. La iglesia se hallaba desierta y los altares sin preparar, lo que me decidió a dirigirme a la sacristía para informarme. Pregunté a la sola persona que encontré allí y me enteré de que la misa no salía hasta las cinco y cuarenta minutos. Vuelvo al sitio y refiero a mi prima el caso. Las dos nos dimos cuenta de que tendríamos que dejar la iglesia antes de terminar la misa. Pocos momentos después pude comprobar que el joven a quien me había dirigido había comulgado, y al poco tiempo lo tenía a mi lado en el banco. Recuerdo que varias veces, durante la misa, me llamaba la atención el hecho de que aquel joven rezaba con un fervor nada corriente en los de su edad, y fue mayor mi admiración cuando le vi desgranar las cuentas del Rosario.

Debía de salir también, sin duda, para la montaña, pues el equipaje lo dejaba fácilmente suponer.

La misa estaba en la elevación, cuando una ojeada rápida al reloj me dio a entender que teníamos el tiempo justo para llegar a la estación, y así mi prima y yo nos levantamos, dispuestas a salir de la iglesia. Sentí que me tocaban suavemente en el brazo. Era el piadoso y desconocido joven, que me dijo que no debíamos salir de la iglesia antes de terminar la misa y que fuese válida. Le repuse que el tren no esperaba y que, por lo mismo, no podíamos detenernos un momento más. Él, sin embargo, con una dulzura autoritaria, nos invitó a arrodillarnos, diciéndonos en tono persuasivo que llegaríamos puntualmente a la hora del tren. No sé por qué razón, obedecimos dócilmente.

Transcurrió el tiempo justo para la validez de la misa. El joven desconocido se pone en pie apresuradamente y nos hace señas para que le sigamos. A la puerta de la iglesia esperaba un elegante automóvil. Una señal rápida de invitación para ocupar puesto en él; una presentación apresurada: "Pier Giorgio Frassati", y tras breves palabras sobre la meta de nuestra excursión y de la suya, llegamos a la estación. Tuvimos el tiempo justo para tomar el tren, que ya arrancaba, y nos fuimos sin siquiera poder agradecer semejante delicadeza a aquel joven que sabía hermanar la piedad con una cortesía y bondad tan exquisitas».

Una de las formas de su devoción eucarística fue la Adoración nocturna. En 1920 se afilió a la Adoración Nocturna Universitaria, que tenía su turno de vela las noches de los terceros sábados de mes. Nunca faltaba a la cita. Además, se inscribió en un grupo de otra sección que se fundó para jóvenes obreros, entre los que se granjeó buenas amistades. Era costumbre por entonces hacer una vigilia especial de Adoración en las vísperas de Carnaval. El sábado anterior a las fiestas del año 1925, monseñor Pinar, adscrito a la iglesia en donde se celebraba esta vigilia eucarística, recuerda el siguiente diálogo con Pier Giorgio:

— «Monseñor –le dijo– me ausento por tres días: pasaré los carnavales entre la nieve».

— «Muy bien –le contestó el cura–. Pero ¿cuándo partes?».

— «A primeras horas de la mañana. La noche la pasaré aquí. Después de misa de media noche y de comulgar, salgo en el primer tren para la montaña».

Es decir, la noche en vigilia y oración. A primera hora, sin dormir, a escalar montes.

Muy elocuente también es el hecho contado por un Padre Sacramentino de la iglesia de Santa María in Piazza, reservada para Adoración nocturna de jóvenes universitarios. Los detalles son un marco precioso.

«Habían dado ya las once de la noche –cuenta el narrador– y yo no había hecho nada más que entrar en el coro para llenar mi turno de adoración, cuando oigo repetidas veces la campanilla de la portería. Dejo por un instante a mi compañero y voy a abrir. ¡Cuál no sería mi sorpresa al ver delante de mí a un joven mozo, a quien no conocía, que me dijo haber venido para adorar a Jesús Sacramentado, puesto que aquella noche tocaba el turno a los adoradores universitarios! Le hice saber que no había adoración para jóvenes aquella noche, sino únicamente para los religiosos, y le exhorté a que se retirase antes que le resultase la hora más incómoda, pues era ya muy tarde. No se plegó a mi consejo el generoso joven, sino que con voz suplicante insistió en que le dejase entrar igualmente, que él adoraría al Santísimo por su cuenta, junto con nuestros religiosos de turno. Busqué la manera de disuadirlo, diciéndole que no podría resistir tanto tiempo en oración, pasando toda la noche en vela. De nada sirvieron mis justas observaciones; antes bien, fueron tales sus dulces insistencias, que acabé dándole gusto.

Radiante de alegría por su victoria, pasó a la iglesia y entró en el presbiterio, privilegio concedido a los adoradores nocturnos y, después de profunda postración, se arrodilló en un sitial del coro, permaneciendo así en devota oración. Durante la hora que pasé en su compañía quedé edificadísimo de su ejemplar actitud, y pude notar los santos recursos de que se valía para mantenerse despierto, a pesar de las insistentes acometidas del cansancio y del sueño. Unos ratos, se ponía de pie; otros, leía en su devocionario o rezaba el Rosario y, de este modo, como atestiguan mis hermanos en religión que me siguieron en el turno, pasó toda la noche hasta las cuatro de la madrugada, hora en que pidió y recibió la sagrada comunión. Siguió a esta una hora de acción de gracias y así, a las cinco, cuando se abría la iglesia al público, se marchaba tranquilamente, después de haber caldeado su espíritu durante toda una noche en la llama eucarística y haberse saciado con el pan de los ángeles».

Paralela a si piedad eucarística cultivaba de modo filial la devoción a la Virgen María, sobre todo en el rezo del Rosario. Ya antes de pertenecer a la Fraternidad Laical de dominicos lo rezaba frecuentemente y después de ingresar en la Orden lo rezaba todos los días. En compañía, cuando encontraba a alguien que le acompañara en el rezo, y solo cuando no encontraba compañía. Solía rezarlo, cuando estaba solo, en su habitación y de rodillas. No era raro verle rezándolo por las calles de Turín o, cuando estaba en Pollone, en romería hacia el Santuario de Oropa, que dista unos seis kilómetros de su casa. En los albergues o refugios de montaña invitaba a sus compañeros a rezarlo con él.

Desde el año 1920 todos los años tomó parte, durante las vacaciones de Pascua, en los retiros espirituales que organizaban los Jesuítas en *Villa Santa Croce* para jóvenes universitarios. Eran días muy sabrosos para él.

Su vida de piedad era, pues, muy sencilla pero muy densa. Consistía en la presencia viva de Cristo, centrada en la Eucaristía. Era la «fuente y cima» de su vida de fe cristiana: Cristo vivo en la Eucaristía. Y, en Cristo, su afecto filial a María. Era la herencia que Domingo de Guzmán había legado a sus hijos.

13. Perfiles humanos

1. La madre y maestra

Desde muy niño, Giorgetto fue muy dócil a las enseñanzas maternas. Tendría unos ocho años, en una visita a la casa de una tía, hermana de su madre, se hallaba con Luciana, su hermana, correteando por el patio cuando de repente le sobrevino un golpe de tos. La tía, para suavizar la garganta le ofreció un caramelo. Y quedó extrañada de que el niño lo rehusara con firmeza:

— «No, mamá no quiere».

— «Pero mamá no está aquí». Repuso la tía.

— «Es lo mismo. ¡No, mamá no quiere!», insistió el pequeño.

Es que la madre educaba a sus hijos sembrando convicciones en ellos. En otra ocasión, cuando el niño apenas sabía hablar, un día le dijo a su madre que no quería ir a la iglesia cuando iba una niña, hija de unos vecinos, porque siempre hablaba y le hacía hablar a él.

Muy observadora de la aplicación de sus hijos en los estudios, estaba seriamente preocupada porque Pier Giorgio no se sentía motivado por el estudio de la redacción ni del latín. Más de una vez lo suspendieron. Ella le decía como represión:

— «Lo tienes bien merecido. Así estudiarás más».

Una vez llegó a decirle, con muestras de disgusto:

— «Tú eres mi buen hijo tonto».

Pero el hijo no se acomplejaba. Más bien reconocía que era su merecido. Un día le repetía el estribillo consabido: que no sabía distribuir el tiempo de estudio, que no sabía estudiar..., poniéndole como modelo a otro alumno del mismo Liceo, conocido por ella:

— «¿Ves a N. N.? Sale bien en los exámenes y todos los días le sobra tiempo para remar en el Po y hasta frecuenta salas de recreación. Tú, en cambio, no hallas tiempo para nada».

El hijo clavó los ojos en los de su madre y le dijo, sonriendo:

— «Pero, mamá, N. N. es listo, y yo no lo soy».

Doña Adelaida no supo qué contestar, quedando con el corazón lleno de angustia por temor de haberle humillado demasiado. Pero él le dio un beso sonoro y se retiró tranquilo a su habitación, pidiéndole a su madre que le preparara la merienda.

2. *Robusto y vozarrón.*

En su aspecto físico era alto y robusto, con un apetito que devoraba la abundante comida que nunca escaseó en casa de sus padres. El ejercicio deportivo y la práctica del montañismo habían desarrollado sus músculos, prestándoles una fuerza que utilizaba no sólo para cargar con pesados paquetes sino para defenderse cuando era necesario, en la universidad o en la calle.

Cuando tuvo la edad en que la ley de la Iglesia obliga al ayuno o a la abstinencia, los cumplía puntualmente por propia iniciativa, privándose de alimentos, ordinariamente de los que más le gustaban, así como de dulces y golosinas, que eran su delicia.

Tenía un vozarrón de bajo con fuerte resonancia. Le gustaba mucho cantar en las excursiones, o cuando conducía el automóvil, o en las reuniones recreativas del «Cesare Balbo», así como en manifestaciones de la FUCI. La voz de Frassati era atronadora y sus carcajadas eran francas y ruidosas. Cuando cantaba, siempre desentonaba. Una amiga le regañaba, diciendo: «Frassati, rebuzne usted más bajo».

El soltaba una carcajada, subiendo el tono de la voz. Y decía: «Lo que importa es cantar».

3. Siempre alegre

La alegría era nota destacada y radiante de su carácter comunicativo. Sólo mirarlo daba sensación de compartir lo que parecía un manantial de paz. Su sonrisa contagiaba.

Era amigo de gastar bromas y toleraba con elegancia las que le gastaban los compañeros. Un día, en vísperas de exámenes, unos colegas le mandaron a casa un borriquillo de trapo, con la cabeza movible, y una tarjeta colgada al cuello, en la que habían escrito: «Me darán calabazas». El títere meneaba la cabeza, como afirmando: «SÍ, sí». La broma fue muy celebrada entre los compañeros del Círculo.

En medio de las luchas políticas y en las dificultades en que le tocó vivir, nunca perdió el sentido del humor. En los primeros años de vida universitaria fundó, con otros compañeros, una «sociedad limitada», bautizada con el nombre de Tippi Loschi (los sinvergüenzas), cuyo lema era *El te-rror*. Pertenecían a ella una media docena de amigos y otras tantas amigas, todos ellos alpinistas. Su finalidad era sólo humorística: se gastaban bromas «terribles», se montaban escenas bulliciosas y cómicas, y escenificaban situaciones chocantes de la vida, propia o ajena, que provocaban la hilaridad de todos. Los miembros de esta sociedad limitada se impusieron nombres de célebres personajes «terribles». Pier Giorgio tomó el nombre de *Robespierre*, el famoso dictador francés del siglo XVIII. Así se firmaba cuando escribía cartas y manifiestos a los «terribles Tippi Loschi».

En las reuniones recreativas del Círculo «Cesare Balbo» destacaba *Robespierre* en el juego del billar. Sus carambolas, así como las malas jugadas de sus rivales, eran celebradas con gritos y vozarrones que resonaban en el salón.

Las carcajadas de Frassati eran como «cañonazos» en las montañas, y mucho más ruidosas en los salones cerrados.

Siempre alegre, nunca triste. Era su consigna.

4. *Alma de artista*

Gozaba lo indecible en la contemplación de las bellezas de la naturaleza. Era notable su afición a cultivar y recoger flores en el jardín de la finca de Pollone, o en los montes y valles de los Alpes. Era un placer para él salir con su madre muy de mañanita a recoger flores silvestres por las estribaciones de la montaña, que luego adornaban las estancias de la casa, o eran llevadas a la iglesia para ornamentación de los altares.

Se extasiaba ante la hermosura de los fenómenos de la naturaleza: una tormenta, el cielo estrellado, una puesta de sol, una fuente cantarína. A veces llamaba a su madre, voceando: «¡Mamá, mamá, ven a ver el cielo! ¡Qué hermosa puesta de sol! ¡Qué nubes más raras!».

Encontraba un gusto especial en las visitas a museos de pintura y de escultura. Su madre, experta profesional de la pintura, le había educado el gusto por el arte. Cuando llegaba a una ciudad, grande o pequeña, lo primero que buscaba era la iglesia en donde podría comulgar al día siguiente, y, después, el museo de bellas artes.

Le deleitaba también la poesía, a pesar de su poca afición a la literatura. Mostraba pasión emotiva por la *Divina Comedia* de Dante, de la que recitaba cantos enteros de memoria durante las veladas en los albergues o refugios de montaña.

Era aficionado al teatro, sobre todo al teatro clásico: Shakespeare, Schiller, Esquilo... Asistió repetidas veces a la representación de *Hamlet* y declamaba en voz alta y con entonación dramática algunas de sus secuencias. Como hijo del director de un conocido diario, llevaba siempre en el bolsillo un pase para todos los espectáculos públicos. Pero se informaba previamente de la calidad moral de las representaciones.

5. *Comunicativo*

Joven simpático, con cualidades excepcionales para la comunicación, prescindiendo de respetos humanos y de diferencia de clases, ponía empeño especial en conversar familiarmente con los humildes, con los servidores de su casa, en Turín o en Pollone, en las buhardillas de los pobres, en el campo, en la calle. Todos lo apreciaban y admiraban por su sencillez y amabilidad en el trato.

Decía el chófer de la familia: «No era el señorito que nunca se digna hablar con la servidumbre. Con él era distinto.

Se interesaba por todo y por todos».

Se hizo muy amigo y contertulio habitual del hortelano de Pollone y de toda su familia, así como de las familias que cuidaban de los albergues de montaña. Conversaba con todos sobre temas que les interesaban y sin prisas. Los niños estaban encantados, cuando les contaba historietas, adornadas con gestos ampulosos y mímica cómica, que provocaban la hilaridad del auditorio.

Hasta los perros de los albergues acudían a él cuando lo veían llegar y lo recibían con muestras de regocijo, porque siempre sacaba de la pesada mochila algún mendrugo de pan o algún hueso que los «amigos» devoraban con apetito.

6. «CABEZOTA»

Así lo llamaban, cariñosamente, en su casa. Desde muy pequeño dio muestras de su tesón. Cuando hacía un propósito, después de haber pesado pros y contras, era difícil hacerle cambiar su decisión, porque estaba convencido de que era «su» verdad, aunque para llevarla a la práctica tuviera que pasar incomodidades, burlas, o arrostrar algún peligro.

Sus amigos sabían que cuando Frassati decía que *NO*, era un *NO* definitivo. Y cuando decía que *SÍ*, era un *SÍ* inconmovible. El deber era sacratísimo para él, en su conducta personal y en sus relaciones con los demás.

Un compañero lo definía así:

> «Cuando conocí a Pier Giorgio, en el invierno de 1921, en las aulas del Politécnico, al momento me di cuenta de que vivía al servicio de un ideal... Vigoroso y fuerte, siempre alegre y cordial con todos, me impresionó. Vivía mejor que yo, luego tenía razón. Al verle me parecía adivinar la contextura de un joven cristiano de verdad, para quien la fe es la razón misma de su vida. En él estaban el ardor y el gozo del soldado animoso en la buena lucha. A veces, cuando él hablaba con entusiasmo, sentía pena de no ser como él».

7. Personalidad

El presidente del Círculo que le admitió en la sociedad, escribía:

> «Durante mi presidencia, aun cuando fue uno de los últimos, hizo sentir su personalidad en la vida y en la actividad del Círculo. Era de los más asiduos: nunca faltaba a las reuniones y, a pesar de que aquel año los socios se hallaban divididos en dos tendencias que a menudo chocaban fogosamente y él tuviese su opinión firme y clara, se hallaba en buenas relaciones con todos, por encima de cualquier división o tendencia. Porque, hasta cuando sostenía ideas diametralmente opuestas a las de los otros, y aún empleando en la defensa un tono caluroso

y resuelto, no sólo daba a entender, sino que explícitamente demostraba que, en él la divergencia de ideas no descendía al terreno de las rivalidades personales».

Todos lo conocían, porque no disimulaba ni ocultaba sus convicciones religiosas o políticas. En esto nunca daba el brazo a torcer, siempre consecuente con sus principios. En su presencia los estudiantes del Politécnico frenaban conversaciones que no eran modelo de ortodoxia o de limpieza. Uno de ellos decía:

«En estos casos no nos reprendía: se ponía serio y se alejaba. Esto era sabido de todos, de tal modo que cuando en el Politécnico algún estudiante invitaba a sus compañeros a mirar alguna fotografía o postal algo libre, solía decir: «Venid todos, menos el senador». Él sonreía por el título y por la exclusión, como sonrió una vez en el tren, cuando alguien de la Escuela le invitó a asomarse a la ventanilla a contemplar una escena atractiva para todos, menos para el «senador». Si los estudiantes hablaban de cosas obscenas, daba vueltas ostensiblemente sobre sí mismo y se ponía a silbar. En una ciudad a donde había ido con otros muchachos colegas de excursión científica supo dar un NO rotundo a invitaciones indignas de algunos compañeros».

8. Humano

Las cualidades humanas de Pier Giorgio brillaban en su porte externo. Su amabilidad, su sonrisa siempre abierta y franca, la disposición a renunciar a su propia comodidad en favor de los demás, lo hacían simpático y asequible a todos.

Por otra parte, era «buena percha» y vestía siempre con elegancia. Su aspecto físico le hacía muy atractivo a las chicas. Su abuela decía: «¡Lo que es este no tendrá dificultades para encontrar esposa!». «¡Qué elegante muchacho!», decían las amigas de su madre cuando se lo presentaba.

La naturalidad, dentro de la más espontánea sencillez, era la raíz de su simpatía. Cuantos lo trataban, quedaban cautivados y, sobre todo, cautivadas, por su modo de comportarse. Aun los que no comulgaban con sus ideales políticos, sociales o religiosos, reconocían que era «todo un hombre».

Porque en Pier Giorgio todo tenía un tinte profundo de sinceridad, propia de la sana juventud.

Así, por ejemplo, hoy quizá extrañara a algunas personas ver un santo con un cigarro toscano en los labios y fumando su «pipa» en las sentadas de los albergues y refugios de montaña, en su cuarto de estudio, en las reuniones de la FUCI... Los compañeros dicen que fumaba cigarros toscanos y que usaba con elegancia su «pipa» humeante. Lo hacía porque le distraía, porque le relajaba.

Una asistenta de su abuela materna contó con toda sencillez que el «señorito» le suplicaba un día: «No temas, María: *Robespierre* es un buen chico».

Trataba de conseguir unos cigarros guardados por la buena mujer en un armario del cuarto de la abuela. María se empeñaba en esconderlos y en sacarle los menos posibles. El último 29 de junio, pocos días antes de su muerte, fiesta de San Pedro y San Pablo, Pier Giorgio se dirigió muy serio al ama de llaves de la abuela, mendigándole: «Vamos, María, deme usted un cigarrillo por ser San Pedro y otro por ser San Pablo». La asistenta no tuvo más remedio que complacerlo.

Es un detalle más de su naturalidad humana. Si él hubiera estado convencido de que fumar era un defecto, lo hubiese cortado de raíz. ¿Debilidad humana?. Tal vez. Lo único que confirma es que los santos son humanos. Frassati era muy humano.

9. Retrato al óleo

Poco después de su muerte, un periódico socialista de Milán, *La Giustizia*, publicaba la siguiente reseña:

«Era, sin duda, un hombre de cuerpo entero, ese Pier Giorgio, quien ha sido arrebatado a los 24 años de edad por la muerte cruel y rápida como un ladrón presuroso. Lo que se lee de él es tan nuevo e inédito, que colma de estupor hasta a los mismos que no comparten su fe. Joven y rico, había escogido para él el trabajo y la bondad. Creyente en Dios, confesaba su fe con públicas manifestaciones de culto, concibiéndola como una milicia, como una librea que se lleva a la vista de todo el mundo, sin cambiarla nunca por la ropa ordinaria, ya sea por comodidad, ya por oportunismo, o respeto humano.

Católico convencido y socio de la Juventud Católica Universitaria en su ciudad, desafiaba a las fáciles furias de los escépticos, de los vulgares, de los mediocres, participando en las ceremonias religiosas, formando cortejo junto al palio arzobispal en circunstancias solemnes. Era, antes que nada, un cristiano práctico y traducía sus opiniones místicas en obras vivas de bondad humana, en constantes actos de piedad.

Este joven, próximo a ser ingeniero, que no poseía la fría visión de la conquista —tan corriente entre los afortunados de la vida— ni la del halcón que remonta el vuelo por la rapiña, sino la serena y dulce del hombre que se siente afectuoso hermano de los demás hombres, de los más míseros e infelices, es una excepción, destacada y fija en el pasar vertiginoso de la crónica cotidiana.

Era sano de espíritu y vigoroso de alma y cuerpo. Amaba el movimiento, los montes elevados y la fuerza, pero no como instrumento de prepotencia, sino de justicia y de defensa del derecho, y cuando la fuerza violenta invadió su casa, él la rechazó con gallardía varonil. Entre el odio, la soberbia y el espíritu de dominio y de rapiña, este «cristiano» que cree y obra como cree, y habla como siente, y actúa como habla, ese «intransigente» de su religión, es ciertamente un modelo que puede enseñar algo a todo el mundo».

Era la opinión de un periódico «socialista» de Milán.

14. La última escalada

«El día de mi muerte será el día más hermoso de mi vida», decía nuestro biografiado a sus amigos. «No se sabe el día ni la hora de nuestro tránsito», repetía a menudo.

En el curso de su vida no había síntoma alguno de la más leve enfermedad. A sus 24 años, deseaba con ansia que llegara el día final de su carrera. Estudiaba intensamente, hasta el punto de que hacía casi un mes que no salía de excursión a los montes. La única actividad ajena al estudio era la de la caridad a través de las Conferencias de San Vicente de Paúl. Todos los días iba a comulgar a primera hora. El resto de la jornada se encerraba para estudiar. Faltaban pocos días para llegar a la meta.

El día 30 de junio, martes, salió un rato por la tarde con los amigos a dar un paseo en barca por el Po. Durante el paseo dio muestras de un extraño cansancio y dijo a los compañeros que le dolía la espalda. Comentó que era un entumecimiento de los músculos por la vida tan sedentaria que llevaba durante casi un mes. Eran los primeros síntomas del mal que en cuatro días lo llevaría al sepulcro. Al anochecer comenzó a dolerle fuertemente la cabeza. El miércoles, 1 de julio, amaneció con fiebre muy alta.

Mientras tanto, su abuela materna estaba agonizando. Pier Giorgio no podía estar inmovilizado en la cama. Se levantó y quiso estar presente en el último instante de la vida de la anciana, que había sido muy cariñosa con él.

En pie, de rodillas, paseando, rezaba durante la agonía de la abuela. Pero llegó un momento en que su robusto cuerpo se derrumbó. Su madre y su hermana lo vieron con el rostro desmejorado, pero pensaron que era por causa de las circunstancias dolorosas por las que todos estaban pasando.

Había comenzado para él la subida al monte Calvario. El dolor no le dejaba descansar y se levantó varias veces de la cama. La abuela había fallecido. La madre, que volvía a la cámara mortuoria, encontró a Pier Giorgio rezando, apoyado en el lecho de la difunta. Lo llevó a su habitación y lo hizo acostar. Él nada le dijo a su madre sobre el dolor que invadía su cuerpo. Solamente le manifestó:

— «No puedo dormir, mamá».

— «Reza el Rosario en la cama y te adormecerás», le dice la madre.

— «Ya he rezado uno», contestó.

La madre le dio un beso y lo dejó, diciéndole:

— «Dios te bendiga, hijo mío».

— «Y también a ti, mamá».

Más tarde, la asistenta lo vio tambalearse en el pasillo, bajar las escaleras, ir a la sala del billar y recostarse en la mesa, gimiendo. Al amanecer calmó un poco el dolor. Buscó a su padre, que estaba ultimando los detalles para el traslado del cadáver de la abuela a Pollone, y le dijo que se sentía mejor y que quería acompañar los restos mortales de la abuela hasta el cementerio. Don Alfredo pensó que era una imprudencia que su hijo se pusiera en camino, después de un día y una noche en que había sufrido tantas molestias. Le dijo:

— «Tú no debes venir, Giorgetto. Sería una temeridad».

— «Bueno, papá; yo quedaré en la iglesia, rezando, durante el entierro», respondió.

— «No, Giorgetto, permanece en la cama. Dios está en todas partes».

— «Bien, papá. Rezaré aquí», aceptó Pier Giorgio.

El jueves, día 2, por la noche, intentó levantarse de la cama y cayó desplomado por el suelo. La asistenta se dio cuenta y le ayudó a levantarse, porque él sólo no podía. Nada dijo a su madre, que andaba también atareada con los preparativos para el viaje en la madrugada del viernes. A la hora señalada para la partida fue Doña Adelaida a la habitación del hijo y lo vio tan abatido y demacrado que decidió quedarse junto a él. Este lo comprendió y le susurró, emocionado:

— «¡Pobre mamá; te causo este disgusto!».

Ella se retiró a la habitación de su difunta madre, que acababan de sacar para el traslado. Cuando Pier Giorgio preguntó por ella, le dijeron dónde estaba. El llamó a María, la asistenta, y le pidió:

— «Llame a mi madre, porque no quiero que esté en aquel cuarto».

Llegó a la habitación del enfermo rendida por el cansancio y el sueño, echándose en la cama del hijo. Él le advirtió:

— «No, mamá, que te puedo contagiar mi enfermedad».

Avisado el médico que le había atendido desde la infancia, al entrar en la habitación, le preguntó:

— «¿Desde cuándo no vas a la montaña?».

— «Desde el 7 de junio», le responde.

Comenzó el reconocimiento. En un momento dado, le dice el médico:

— «Veamos, levántate y siéntate».

— «No puedo», responde el enfermo.

El doctor prosiguió la exploración y comprobó que los reflejos no respondían a las pruebas: el enfermo no notaba los pinchazos de la aguja en sus piernas.

El doctor hizo un gesto alarmante. La madre intuyó la gravedad del mal. Aparentando serenidad, insinuó al médico una consulta con los mejores especialistas de Turín. El mismo médico de cabecera se encargó de convocar a sus colegas.

Pero ella, buena cristiana, antes de la consulta facultativa, llamó a un sacerdote para que lo atendiese espiritualmente. Mientras esperaba al ministro de Dios, se acercó al enfermo y le susurró al oído:

— «Escucha, Giorgetto: en este momento están enterrando a la abuela en Pollone. Tú deberías hacerte presente allí, comulgando por ella».

— «Lo haré el domingo», respondió.

— «No, ahora es mejor; me gustaría que fuese ahora».

— «Es que he bebido», pretextó el enfermo.

— «No importa –repuso la madre–; tú estás enfermo y puedes hacerlo».

— «Como tú quieras, mamá», aceptó el paciente.

Poco después llegó el sacerdote, lo confesó y le administró la comunión, que Pier Giorgio recibió con el recogimiento de siempre.

Reunidos los doctores y hechas las pruebas pertinentes, diagnosticaron una rara enfermedad que solía atacar a jóvenes robustos: una forma aguda de poliomielitis galopante de origen infeccioso. Pronóstico gravísimo. Hicieron cuanto la ciencia sugería. Se pidió con carácter de urgencia un suero, que todavía no estaba en el mercado, al Instituto

Pasteur de París, que llegó rápidamente, pero que nada pudo remediar.

Avisaron al padre, que se encontraba en Pollone, de la situación. Cumplidos los oficios del entierro de la abuela, regresó inmediatamente a casa.

Era el viernes, día 3 de julio, día señalado para las visitas a los pobres de las Conferencias de San Vicente de Paúl. Pier Giorgio se acordó de ellos y llamó a su hermana, que había ido a Turín por el fallecimiento de la abuela, pidiéndole que le llevara la chaqueta que tenía en el ropero del piso inferior. Al tenerla en sus manos vacilantes sacó del bolsillo un papel, que era un bono del Monte de Piedad. Dijo a su hermana que se lo diera a un amigo con el encargo de que pagara en su nombre el embargo y entregara el objeto rescatado a su dueño. Sacó también del bolsillo de la chaqueta una caja de inyecciones, escribiendo en una tarjeta de visitas la dirección del destinatario, encargando se lo dieran a Grimaldi para que lo hiciera llegar a su destino. La caligrafía era casi ininteligible, pero quiso escribirla él mismo.

El enfermo estaba agotado. El dolor arreciaba. Pidió un calmante fuerte, que los médicos habían desaconsejado.

Su propia madre le dijo: «No te conviene, hijo mío. Te haría daño. Ofrece a Dios tus sufrimientos por tus pecados, si los tienes: y, si no, por los de papá y mamá».

¡Una mujer de fe, Doña Adelaida!

El paciente asintió con la cabeza. No se quejó más.

El confesor que le había atendido estaba todavía allí y quedó a solas con él un momento. Pier Giorgio le preguntó:

— «¿Estoy grave, Padre?».

— «Yo le animé –dice el sacerdote–. Entonces me dijo que, si llegaba a estar para morir, yo le avisara y me obligó a que se lo prometiera. Se lo prometí. Cuando a media tarde volví, al quedarme otra vez a solas con él, me confió:

— «Me encuentro mucho más quebrantado».

— «Comprendí que era la hora de cumplir la promesa. Le dije: Pier Giorgio, ¿y si la abuelita te llamase al cielo con ella?».

— «¡Oh, qué feliz sería!», me repuso.

Pero de pronto se puso serio y exclamó:

— «¿Y papá y mamá?».

Lo había comprendido perfectamente. Era el fin.

A pesar de su estado de suma gravedad, pensaba en los que estaban a su alrededor:

— «¿Por qué no vas a dormir, tía?». «Mamá, vete a dormir».

La noche del viernes al sábado le pidió a la religiosa que lo velaba que le ayudase a santiguarse. Él no podía. Y le preguntaba:

— «¿Me perdonará Dios mis pecados? ¡Perdón, Dios mío!».

En vista de que la parálisis iba progresando por momentos, llamaron al párroco para que le administrara la unción de enfermos. La recibió con plena conciencia y mucha serenidad.

Eran las siete de la tarde del sábado 4 de julio. A su lado estaban el sacerdote, su padre, de rodillas apoyado en la cama, su hermana y otros familiares. Su madre sostenía en los brazos al hijo entrañable, agonizante. Así se extinguió la vida terrena de Pier Giorgio Frassati.

Fue su última escalada. Ahora había llegado a la cima.

15. Epílogo

La tragedia se transformó en epifanía.

La concurrencia de gente que acompañó a la familia del director de *La Stampa* y ex-embajador fue desbordante. Era el testimonio de la dimensión humana de aquel joven que había sensibilizado a miles de personas de las más diversas clases sociales: laicos dominicos, jóvenes estudiantes de la FUCI y del Círculo «Cesare Balbo», grupos de juventudes de Acción Católica, miembros de las Conferencias de San Vicente de Paúl y de la Adoración nocturna, militantes de la Legión de María y de las Congregaciones marianas..., y un sinnúmero de pobres y familias humildes de los suburbios de Turín, que lloraban a lágrima viva la muerte del amigo y bienhechor.

Los familiares estaban sorprendidos y maravillados de la elocuencia con que seguía hablando Pier Giorgio. Fue el primer descubrimiento de la personalidad de quien, coherente con sus ideas, había dado un testimonio espléndido de humanidad cristiana ante el mundo que le rodeó.

En la lápida de su tumba, en el cementerio de Pollone, figuraba la siguiente inscripción, resumen de su vida:

«PIER GIORGIO FRASSATI
(6 de abril, 1901 - 4 de julio, 1925).

A los veinticinco años, a punto de terminar la carrera de ingeniero,
hermoso, robusto, alegre, amado, vio de repente el último día

112

y, como siempre, lo saludó sereno, cual el más hermoso de sus días.

Confesó la fe con pureza de vida y caridad de obras. La muerte lo encumbró como enseña viviente de la juventud cristiana.

Don Cojazzi, su biógrafo, había vaticinado, muy convencido: «Pier Giorgio Frassati imprimirá un nuevo giro a la sangre juvenil, y no sólo a la turinesa».

Por aquel entonces la Acción Católica vivía un momento que se anunciaba particularmente constructivo en Italia y en el mundo católico, gracias al impulso que le daba el papa Pío XI. Se estaba promoviendo y fraguando un programa de apostolado cristiano que debía penetrar en el mundo de la cultura, en las instituciones, en la política, en la familia. Para este intento, más que los discursos debían servir las imágenes, los modelos vivos que, con el atractivo personal, habían prestado los mejores ejemplos.

En este momento presentó Don Cojazzi a los jóvenes la figura de Pier Giorgio Frassati, transfigurada por la muerte y exaltada como símbolo de los ideales de una prometedora primavera cristiana. La Acción Católica encontró en Frassati el modelo inspirador de su programa y de sus militantes.

Su familia, en especial la madre, puso empeño especial en que se iniciara la causa de beatificación. Y así, en 1930, se dirigió al superior mayor de los salesianos para que ellos se encargaran de promover la causa. Indudablemente, la familia se movía impulsada por Don Cojazzi. Pero los salesianos respondieron que, hasta entonces, se habían ocupado solamente de promover las causas de los miembros de su propio instituto. El Presidente General de la Acción Católica Italiana tomó con empeño el asunto y se dirigió personalmente al General de los salesianos, Don Rinaldi (beatificado el 29 de abril de 1990, un mes antes que Pier Giorgio) y este aceptó el encargo, a instancias del arzobispo de Turín. Los salesianos iniciaron y concluyeron el llamado «Proceso Ordinario». Los jesuitas se encargaron de elaborar el «Proceso Apostólico», que culminó felizmente con la beatificación, el 20 de mayo de 1990.

Desde la muerte del joven alpinista muchas asociaciones católicas tomaron su nombre como modelo de vida y acción. En el año 1940, quince años después de su muerte, este es el número de grupos que llevaban su nombre:

- Asociaciones juveniles de Acción católica..........804
- Aspirantes de Acción Católica..................185
- Asociaciones de estudiantes de bachiller.........61
- Asociaciones universitarias......................26
- Conferencias de San Vicente de Paúl.............35
- Grupos de Evangelio............................23
- Asociaciones de espiritualidad...................23
- Asociaciones apostólicas varias.................14
- Grupos deportivos y recreativos................45
- Edificios, salas y aulas...........................46

En el año 1980 habían aparecido 1.700 artículos sobre su figura en la prensa nacional italiana y 450 en la prensa extranjera.

Entre los años 1960-1975 se enfrió un tanto el entusiasmo por la persona de nuestro protagonista. Pero en 1975, con motivo del cincuentenario de su muerte, se caldeó de nuevo el interés por la causa de su glorificación oficial.

En el año 1977 el entonces cardenal-arzobispo de Cracovia, Karol Wojtyla, comentaba: «Pier Giorgio Frassati es el hombre de las ocho bienaventuranzas, que lleva en sí la gracia de un ángel, el gozo de la salvación ofrecida por Cristo».

Y al año siguiente, convertido ya en Juan Pablo II, en su primera visita a Turín, en octubre de 1978, volverá nuevamente la mirada hacia el joven alpinista. Decía:

«Pier Giorgio Frassati nos muestra al vivo lo que verdaderamente significa para un joven seglar dar una respuesta concreta al «Ven y sígueme». Basta dar una mirada, aunque sea rápida, a su vida, consumada en el arco de apenas 24 años, para entender cuál fue la respuesta que Pier Giorgio supo dar a Jesucristo: fue la de un joven moderno, abierto a los problemas de la cultura, del deporte (¡un alpinista tremendo!), a las cuestiones sociales, a los verdaderos valores de la vida, a la vez que un hombre profundamente creyente, nutrido del mensaje evangélico, fuerte en su carácter, coherente, apasionado en servir a los hermanos y consumado en un ardor de caridad que le llevaba a acercarse, según un orden de precedencia absoluta, a los pobres y enfermos. El cristianismo, la fe, ¡creedme, jóvenes!, es cumplimiento y corona de vuestra personalidad... El cristianismo es gozo, y el que lo profesa debe transparentarlo en su propia vida, tiene el deber de testimoniarlo, de comunicarlo, de defenderlo en torno a sí».

El domingo, 20 de mayo de 1990, Juan Pablo II proclamaba beato a Pier Giorgio Frassati. En su homilía lo presentaba al mundo cristiano como modelo de fe viva y valiente, de caridad ardiente y operante, especialmente para los jóvenes de todos los tiempos, fijando el 4 de julio como el día de su fiesta litúrgica. Pier Giorgio Frassati –decía el papa en su homilía– testimonia que la santidad está al alcance de todos y que sólo la revolución de la caridad puede encender en el corazón de los hombres la esperanza de un futuro mejor».

Sobre la figura de Pier Giorgio recogemos el testimonio de uno de los teólogos modernos mas significados, el jesuita Karl Rhaner. Es un buen colofón de nuestra biografía:

«Yo pertenezco a aquellos pocos alemanes, todavía vivos, que conocieron personalmente a Frassati y, después de cincuenta años conservan vivo su recuerdo... Frassati representa al joven cristiano puro, alegre, entregado a la oración, abierto a todo lo que es libre y hermoso, atento a los problemas sociales, que llevaba la Iglesia en su corazón, de una espontaneidad serena y viril. Un milagro de la gracia divina».